JN065826

2023年の星占い
乙女座

石井ゆかり

乙女座のあなたへ
2023年のテーマ・モチーフ
解説

....

モチーフ：マカロン

....

　マカロンの「おしゃれ」なイメージは、それが
フランスからやってきたことから来ているのかも
しれません。乙女座の2023年は「遠くから来たも
の・異世界から来たもの」でどんどんゆたかにな
ります。遠く旅をしたり、遠くから来たものと触
れ合ったりする中で、世界が広がっていくのです。
海外から来たスイーツは、一時的なブームで終わ
るものもあれば、その後定番として定着するもの
もあります。2023年にあなたの世界にやってきた
ものは、きっとこの先長く、あなたの人生の一員
として活躍するはずです。

はじめに

　こんにちは、石井ゆかりです。

　2023年は星占い的に「大物が動く年」です。「大物」とは、動きがゆっくりで一つの星座に長期的に滞在する星のことです。もとい、私が「大物」と呼んでいるだけで、一般的ではないのかもしれません。2023年に動く「大物」は、土星と冥王星です。土星は2020年頃から水瓶座に位置していましたが、2023年3月に魚座に移動します。冥王星は2008年から山羊座に滞在していましたが、同じく2023年3月、水瓶座に足を踏み入れるのです。このように、長期間一つの星座に滞在する星々は、「時代」を描き出します。2020年は世界が「コロナ禍」に陥った劇的な年でしたし、2008年はリーマン・ショックで世界が震撼した年でした。どちらも「それ以前・それ以後」を分けるような重要な出来事が起こった「節目」として記憶されています。

　こう書くと、2023年も何かびっくりするような出来事が起こるのでは？と思いたくなります。ただ、既にウクライナの戦争の他、世界各地での民主主義の危機、

世界的な環境変動など、「時代」が変わりつつあること
を意識せざるを得ない事態が起こりつつあります。私
たちは様々な「火種」が爆発寸前の世界で生きている、
と感じざるを得ません。これから起こることは、「誰も
予期しない、びっくりするようなこと」ではなく、既
に私たちのまわりに起こっていることの延長線上で「予
期できること」なのではないでしょうか。

　2023年、幸福の星・木星は牡羊座から牡牛座を運行
します。牡羊座は「はじまり」の星座で、この星座を
支配する火星が2022年の後半からコミュニケーション
の星座・双子座にあります。時代の境目に足を踏み入
れる私たちにとって、この配置は希望の光のように感
じられます。私たちの意志で新しい道を選択すること、
自由のために暴力ではなく議論によって闘うこと、な
どを示唆しているように読めるからです。時代は「受
け止める」だけのものではありません。私たちの意志
や自己主張、対話、選択によって、「作る」べきもので
もあるのだと思います。

《注釈》

◆ 12星座占いの星座の区分け（「3/21～4/20」など）は、生まれた年によって、境目が異なります。正確な境目が知りたい方は、P.124～125の「太陽星座早見表」をご覧下さい。または、下記の各モバイルコンテンツで計算することができます。
インターネットで無料で調べることのできるサイトもたくさんありますので、「太陽星座」などのキーワードで検索してみて下さい。

モバイルサイト【石井ゆかりの星読み】（一部有料）
https://star.cocoloni.jp/（スマートフォンのみ）

◆ 本文中に出てくる、星座の分類は下記の通りです。

火の星座：牡羊座・獅子座・射手座　　地の星座：牡牛座・乙女座・山羊座
風の星座：双子座・天秤座・水瓶座　　水の星座：蟹座・蠍座・魚座

活動宮：牡羊座・蟹座・天秤座・山羊座
不動宮：牡牛座・獅子座・蠍座・水瓶座
柔軟宮：双子座・乙女座・射手座・魚座

《参考資料》

・『Solar Fire Gold Ver.9』（ソフトウェア）/ Esoteric Technologies Pty Ltd.
・『増補版　21世紀　占星天文暦』/ 魔女の家BOOKS　ニール・F・マイケルセン
・『アメリカ占星学教科書 第一巻』/ 魔女の家BOOKS　M.D.マーチ、J.マクエバーズ
・国立天文台 暦計算室Webサイト

HOSHIORI

乙女座 2023年の星模様

年間占い

❋ ライトグリーンの出会いから、濃紺の出会いへ

　2021年から2022年、乙女座の占いに私は「出会い」という言葉をたくさん使いました。では、来る2023年はどうかというと、やっぱり「出会い」の言葉を使いたいのです。でも、2021年から2022年の「出会い」の時間と、2023年から始まる2年強の「出会い」の時間は、その内容が大きく異なっています。

　2021年から2022年の「出会い」は、明るく、優しく、どちらかと言えばわかりやすく、とっつきやすいものでした。色でイメージすると、たとえばライトグリーンや、光を帯びたラベンダー色や深みのある桜色が、2021年から2022年の出会いでした。

　一方、2023年からの「出会い」は、色で言えば銀色、あるいはネイビーブルー、深く濃い紫色、一見して黒に見えるけれど、よく見ると濃い緑色、といったようなイメージです。その出会いは少なくとも初めの段階では、謎めいていて、不可解なのです。妙に心惹かれるけれども、その理由がハッキリしない、といった出会いなのです。

京都の比叡山延暦寺の「元三大師堂(がんざんだいしどう)」では、「悩みを相談して引くおみくじ」があるそうです。予約が必要だそうですが、お寺で相談ができ、その上でアドバイスとしてのおみくじを頂けるとは、なんとも心惹かれます。2023年から2年強の「出会い」は、たとえばそんなイメージです。高い山の上の僧侶に、深く悩み考えていることを相談に行く、というのは、非常に神秘的ですし、真剣そのものの体験です。悩みが深ければ深いほど、相談に行くことが怖く感じられるかもしれません。格式の高い寺院の僧侶を前に、極度に緊張してしまうかもしれません。それでも、教えを請うて、なんとかして正しい道に進み、苦しみから解放されたい、という思いが、相談者を突き動かすのかもしれません。

　人間にとって「他者」は誰でも、異世界から来る未知の存在です。たとえ隣の家に住んでいる人でも、全く別の生活空間を生きていて、「常識」とするところも、胸に抱く思いも、不可解な部分を含んでいます。でも、私たちは「他者」と出会うところからしか、自分を捉えることができません。2023年からの「出会い」では、

この「他者性」が非常に強調されています。だからこそ、その人に関わる意味があるのです。先のイメージで言えば、下界に住む人間にとって、山の上で修行する僧侶はまさに「異界の存在」です。でも、だからこそ、「話を聞く意義がある」と感じられることがあります。もちろん、2023年からの日常の中で、誰もが山の上の誰かに会いに行く、ということではありません。ただ、日常の中でも、いつも行く場所で、職場や学校で、ふと新たに出会う不可解な人物が、あなたの未だ知らない世界と、まだ自覚されていないあなた自身のことを、時間をかけて教えてくれるだろうと思うのです。

　また、「新たに出会う誰か」ではなく、既に関わっている人物やパートナー、家族の誰かなどが「時間をかけて関わっていく他者」になる可能性もあります。たとえば、パートナーが少し遠い場所に転勤になり、離れて暮らすことになる、といった場合、相手が「別の世界」に生きることになり、関わり方も少なからず変わるでしょう。あるいは自分自身の社会的立場が重みを増した時、パートナーや家族の生き方に影響を及ぼす、といった展開も考えられます。

私たちはこの世に産み落とされた後、様々な「他者」との関わりを通して世界を発見し、世界に受け入れられていきます。たった一人の「他者」から排除されただけでも、世界から放り出されたような気持ちになる場合もあるものです。「他者」は世界への扉です。どんなに身近な人でも、その人が自分以外の誰かである限り、「他者性」を持っています。この「他者性」に注目し、そこから新しい世界へと分け入ってゆく第一歩の時間が、2023年に置かれているのです。

✽ 他者への深い「踏み込み」による、自己の変容

2022年5月半ばから2023年5月は、「ギフトを受け取る」時間となっています。誰かから大切なものを贈られたり、勝負するためのリソースを提供されたりした人が少なくなかったはずです。他者の財を管理する立場に立った人、重要な役割を受け継いだ人もいるでしょう。あるいは、有利な条件を提示されたり、嬉しいオファーを受けて活躍したりした人もいるかもしれません。誰かがあなたのために、特別な機会を作ってくれるようなこともあったかもしれません。「これは、

今のあなたにぴったりだと思います」と言われる体験を通して、今現在の自分について新たな認識を得たのではないでしょうか。

　他者と自分との境界線が曖昧になり、ぐっと踏み込んだ関わりを経験した人もいるでしょう。この経験は、あなたの深い精神的変容を促したはずです。あるいは「生きる力」を再生するような、生まれ変わるような体験だったのかもしれません。2023年半ばまで、この変容のプロセスは続きます。

❄ 年の半ば以降、「旅と学びの季節」へ

　2023年5月半ばから2024年5月は、「旅と学びの季節」です。宇宙旅行に出るような、とても新鮮な時間となっています。もちろんこの「宇宙旅行」は比喩ですが、突発的にとても遠い場所へと出かけていくことになる可能性があります。この時期の旅行は、単なる旅ではなく、重力を振りきってゆくような、完全な異文化圏に飛び込んでいくような、時代の最先端を切り開きにゆくような、言わば「尖った、先鋭的な要素」を含んでいます。前述の「他者性に向かう」動きが、こ

の時期の「旅」や「学び」にもガッチリ組み込まれています。よく知っている人と、よく知られている場所に行くのではないのです。おそらく一人で、何が起こるかわからない世界にゆき、理解不能な他者に出会って、そこから新しい物語が始まるのです。この「理解不能な他者」とは、「自分がこれまで親しんできたフレームワークでは、捉えきれない他者」という意味合いです。新しい価値観や枠組みを学んでゆくにつれ、だんだんにその相手のことがよくわかってきます。未知の世界が既知の世界に変わっていくプロセスです。

❄ 「実利」を求める前半、理想を追う後半

2023年前半は、現実と格闘し、実質的な成果を求め、「実利」を追求したくなるかもしれません。この流れは2022年から続いています。形ある結果、誰の目にもハッキリわかる成功、経済的な成果を掴もうとする人が多いはずです。「自分自身の心の満足」という範囲に留まらず、どこか、自分の力を周囲の人や外部に対して「証明したい」という意識も強まるかもしれません。たとえば公の補助金やある種のポストを勝ち取るため、実

力を確かな形で「アピール」することが求められる、と
いったシチュエーションも考えられます。この時期の
「成功・成果」には、それを目にする他者がいるのです。
「自己満足では嫌だ」というあなたの熱い思いがそこに
燃えています。

　一方、年の後半は一転して、自分自身が心から信じ
られるものが重要になります。理想や憧れ、目に見え
ないもの、高い志、社会的善、他者との精神的な結び
つきなどがメインテーマです。おそらく、年の前半ま
でに勝ち取った現実的な成果が土台となって、年の後
半に「目に見えない、でも、素晴らしい価値のあるも
の」を追いかけることができるようになるのかもしれ
ません。本気で「現実」と取っ組み合った結果、「何が
本当に現実的なのか」ということへの眼差しが変化す
る可能性もあります。たとえば、お金や物を所有する
ことを最優先にしていた人が、徹底的にそれを「やり
きった」時、「本当の幸せはここにはない」と悟る、と
いったエピソードがありますが、この1年の中でそう
した変化が起こる可能性もあるだろうと思うのです。

｛ 仕事・目標への挑戦／知的活動 ｝

　2022年8月下旬から2023年3月まで、仕事に関して「大勝負」に挑んでいる人が多いはずです。この時期は特に「手持ちのリソースだけでやりくりする」のではなく、外部から資金を借り入れたり、いろいろな人の手を借りたりと、周囲を経済的に巻き込むような「勝負」になりがちです。その分、「絶対に負けられない」というプレッシャーも強まるかもしれませんが、結果的には大勝利し、関係者全員で戦利品を分け合えるはずです。

　2020年頃から、重責を担ったり、特別な努力が必要な仕事を引き受けたりしている人もいるかもしれません。あるいは「弟子入り」して修行に打ち込んできた人、いわゆる「ブラック職場」で苦しんできた人もいるのではないかと思います。この努力や苦労の場では、孤独感も強かったかもしれません。そんな状況から、2023年3月頃を境に、脱出できそうです。これまでの苦労や経験は決して無駄ではなく、大きな実力を身につけることができたはずです。そのパワーは今後、あなたの大切な武器となります。さらに、この間「コツ

コツ頑張った」という事実自体が高く評価され、憧れのポジションに行くためのパスポートとなる可能性もあります。たとえば「あの仕事を経験した人なら、このポストを安心して任せられる！」といった評価が得られるのです。2023年は全体を通して、キャリアにおける一種の「ワープ」のようなことが起こりやすいのですが、過去2～3年の苦労はその原動力です。

　さらに2023年以降、2043年くらいまでの中で、世の中から自分に向けられる「ニーズ」に、磁力のように引き寄せられることになるかもしれません。このプロセスは非常に長期的なものなので、なかなか日常生活の中で「これだ！」と具体的に実感はしにくいかもしれませんが、あなたの仕事や役割概念、「自分が引き受けるべきことは、これだ」という認識は、この20年ほどで大きく変容していくでしょう。2023年の段階で抱いている役割イメージと、2043年頃に自覚しているそれは、その内容において深く異なっているはずです。

｛ 人間関係 ｝

　たとえば非常に真面目な人、責任感の強い人、誠実

であるがゆえに悲観的になりがちな人などと、多く関わることになるかもしれません。また、年長者や立場が非常に上にあたる人と関わる機会が増えそうです。同世代同士の均質性の高い場での関わりではなく、どこか「遠い」人たちとの関わりが強まる中で、新しい世界に出会える時期なのです。この「遠い人たちとの関わり」は、2026年頃まで続くプロセスです。年長者や目上の人と話すのは緊張するものですし、お説教されたり昔話をされたりするのは退屈だ、と想像する人もいるかもしれません。ですが、2023年からの関わりは決して、そのような薄っぺらい、空疎なものではありません。むしろ、「自分と同じような立場の人・親しい人」とだけつきあっている時には決して見えない、広い世界を見るチャンスと言えます。身近な仲間や家族と語る時には決して出てこないようなテーマに、どんどん分け入ることができるのです。

　人に対して警戒心が強まったり、疑念やシニカルな思いが湧いてきたりする可能性もあります。これはむしろ、「人と、もっと真剣に、深く関わりたい」という望みの裏返しです。人と深く、真剣に関わるには、時

間や根気が必要です。わかりやすい人と簡単に親しくなる、ということでは、この望みは充たされないのです。また「人を見る目」が大きく変わる時でもあります。大人になればなるほど、人間観は深くなります。この時期、あなたの人間観は一気に急成長するため、他者がより複雑な存在として見えてくるのです。

｛ お金・経済活動 ｝

比較的好調な時期です。特に「人から受け取るもの」が多い時で、ギフトや臨時収入、お祝いやお礼など、様々な形で意外なお金が入ってきそうです。ローンを組んだり、投資をしたりと、外界との財のやりとりが活発になるでしょう。誰かが築いた財や価値あるものをなんらかの形で「引き継ぐ・受け継ぐ」ような展開もある時です。

さらに、家族などに内緒の「へそくり」を作ることができる時でもあります。いざという時のため、心の安定のため、あるいは少し未来の、自分自身の楽しみのために、密かにお金を作っておこう、という思いが湧くようです。

｛ 健康・生活 ｝

　2020年頃から不調を抱えていたり、加齢による体調変化に適応できず悩んでいたりしたなら、2023年はその悩みから抜け出せる時です。過去2〜3年の試行錯誤の結果、「このルーティンでいけば調子が保てる」といった結論が出るのかもしれません。慢性的な体調不良も、不思議と解消していくようです。一方、健康や生活に関して新しい「熱」が流入する気配もあります。熱心にエクササイズを始めるとか、がぜん健康法に興味が湧くなど、不思議に「惹きつけられるもの」が出てくるかもしれません。

　6月から10月上旬は、生活の中で「自分一人の楽しみ」を追求したくなるかもしれません。日頃献身的に周囲の人をケアし、支えている人ほど、この時期は「自分の心を満足させる」ことの必要性を見出すのではないかと思います。

◉ 2023年の流星群 ◉

「流れ星」は、星占い的にはあまり重視されません。古来、流星は「天候の一部」と考えられたからです。とはいえ流れ星を見ると、何かドキドキしますね。私は、流れ星は「星のお守り」のようなものだと感じています。2023年、見やすそうな流星群をご紹介します。

4月22・23日頃／4月こと座流星群

例年、流星の数はそれほど多くはありませんが、2023年は月明かりがなく、好条件です。

8月13日頃／ペルセウス座流星群

7月半ばから8月下旬まで楽しめます。三大流星群の一つで、条件がよければ1時間あたり数十個見られることも。8月13日頃の極大期は月明かりがなく、土星や木星が昇る姿も楽しめます。

10月21日頃／オリオン座流星群

真夜中過ぎ、月が沈みます。土星、木星の競演も。

12月14日頃／ふたご座流星群

三大流星群の一つで、多ければ1時間あたり100個程度もの流れ星が見られます。2023年の極大期は月明かりがなく、こちらも好条件です。

HOSHIORI

乙女座 2023年の愛

年間恋愛占い

♥ 「信じる」ことの意味

2023年から2年強の中で、あなたと大切な人の間には、非常に強い信頼関係が育っていくでしょう。ただその入り口では、お互いの問題に向き合ったり、フタをしてきた矛盾を引っ張り出したりする必要も出てくるかもしれません。密着しすぎていた二人なら一時的に距離を置くことになったり、逆にあまりにも相手を見ずに来たカップルは、ここでガッチリ向き合うことになるかもしれません。距離感が変わり、眼差しが変わることで、関係性の根っこにあるものが変化し始めます。人間関係や愛の関係も、人間同様「育つ・成熟する」ものです。2023年は重要な「関係の成熟」がスタートするタイミングであるがゆえに、なにかしらの「課題」を直視するところから踏み出す必要があるのではないかと思います。

｛ パートナーを探している人・結婚を望んでいる人 ｝

人間は表面的なものにごまかされやすく、なかなか他者の本当の姿を見て取ることができません。明るく

振る舞っている人が本当に明るいのか、優しそうな人が本当に優しいのか。たとえば「自分とは関係ない」と思える相手が本当に「関係ない」か？という問いから、新たな関わりがスタートするかもしれません。

　年の前半は相手の経済力に惹きつけられる人もいるでしょう。年の半ばを過ぎると、その考え方が変わるかもしれません。過去何年もの間「パートナーや恋人を選ぶにあたって、この条件だけは絶対に譲れない」と考えていた条件が、今年3月以降、不思議と解除されるかもしれません。

　2023年は、出会ってから親しくなるまでに「時間がかかる」可能性もあります。最初はとっつきにくいと思ったけれど、つきあううちに少しずつ心を開くようになる、といった展開が起こりやすいのです。先を急がず、じっくり関係を作る胆力が物を言います。

﹛ パートナーシップについて ﹜

　普段とは少し距離感を変えることで、関係がより成熟した、自由なものへと育っていく時期です。関係の成熟の時間に入るのです。

たとえば、大きな絵画を鑑賞する時は、近づいたり遠ざかったりしていろいろな視点から楽しむものですが、人間にもそうしたことが必要になる場合があります。特に、距離が近すぎると何が描いてあるのか、全体像が掴めません。この時期は相手の全体像を掴むために、少し後ろに下がってみたくなる、という展開になるかもしれません。また、「完全に解り合っていたい」という信念を一時的に手放し、相手に委ねたり、観察したり、「なるほど、こういう言い方をすると、こう反応するのか！」というふうに、パターン的に捉えたりすることもできるかもしれません。「同じ人間なのだから、話し合えば必ず解り合える」という思いは確かに尊く、大切なのですが、「どうしても踏み込めない部分」というのは誰の心にも存在します。「わからない」部分を敢えて少し遠ざけた時、息苦しさが消えて、やわらかに関われるようになる、ということもあるのです。

パートナーの経済状況が上向きになる時です。あるいはあなた自身の経済力が強まるのかもしれません。こうした変化により、経済的な役割分担が変化する可能

性があります。「出せるほうが出す」のは基本的な考え方ですが、パートナーシップにおけるお金の問題は、プライドや恩義、負い目などの感情に直結することがあります。お互いの誇りを大切にしながら、話をしたいところです。

｛ 片思い中の人・愛の悩みを抱えている人 ｝

　片思い中の人は「少しずつ、丁寧に」がキーワードです。先を焦らないことが大切です。特に自分自身の「悲観的な感情」と闘う必要があるかもしれません。相手のあれこれを疑いたくなったり、妄想を膨らませてネガティブな感情を濃くしたりしてしまうと、自分で自分の望みを潰してしまうようなことにもなりかねません。想像と現実を切り分けること、人間としての責任感や誠実さを大切にすることで、少しずつ距離を縮められるでしょう。

　愛の悩みを抱えている人は、その悩みと「全面対決」することになるかもしれません。なんとなく問題を先送りしたり、棚に上げたりしてきた人ほど、ここではもう「目をそらせない」状況になりそうです。特に6

●・●

月から10月上旬、意外な形で最高の解決が起こる可能
性があります。「愛の救い」がある時です。

{ **家族・子育てについて** }

　子育てに悩んでいた人、強迫的な思いに囚われてき
た人は、2023年から2024年にその状態から脱出でき
ます。考えすぎていたこと、こだわりすぎていたこと、
強すぎた自他への要求などを、不思議なくらい自然に
手放すことができるでしょう。この時期の問題解決は、
「なぜ解決したのかわからないけれど、解決した」とい
う形で起こりやすいはずです。

　家族や身近な人への責任も、2023年を境に軽減され
ます。抱え込みすぎていた状態、一方的に自分が犠牲
になるような状態から、すうっと抜け出せます。

{ **2023年　愛のターニングポイント** }

　1月から2月、3月後半から4月上旬、10月から11月
上旬に愛の追い風が吹きます。また、3月は愛のドラ
マに大きめの変化が起こりやすい時です。長期的な視
野に立つことがポイントです。

●・●

HOSHIORI

乙女座 2023年の薬箱

もしも悩みを抱えたら

2023年の薬箱 〜もしも悩みを抱えたら〜

誰でも日々の生活の中で、迷いや悩みを抱くことがあります。2023年のあなたがもし、悩みに出会ったなら、その悩みの方向性や出口がどのあたりにあるのか、そのヒントをいくつか、考えてみたいと思います。

◈人間関係における悩み

人間関係において、悩みを抱えやすいかもしれません。人との距離が遠ざかったように感じられたり、人の気持ちが全く見えなくなったりする人もいそうです。また、自信のなさや自分自身への疑念を他者の態度に映し見てしまい、「相手は自分を嫌っているのではないか」「この人が自分を信用するはずがない」などの疑心暗鬼に囚われると、この時期はなかなか出口を見出せなくなる危険があります。現実には、その人間関係はあなたが思うよりもずっと良好な状態にあるのかもしれません。ただ、あなたの中にある不安や恐怖が、他者という鏡に映って見えやすい時なのです。人と関わるのが辛く感じられた時は、無理にコミットしようと

せず、少し距離を取ったり、冷却期間を置いたりすると、自然に解決していく傾向があります。この時期、誰かを毛嫌いするような気持ちになったなら、それは自分自身の問題点を相手の中に見ているからなのかもしれません。人との関わりの中で、自分の中にある考え方のクセのようなものに気づかされる時です。一見厄介に見える人との出会いは、コツコツ時間をかけてつき合っていくと、いつか得がたい結びつきに発展する可能性があります。

◆「勝負」のプレッシャー

2022年8月末から、仕事や対外的な活動において「大勝負」を仕掛けている人が少なくないはずです。この「勝負」におけるストレスやプレッシャーは、遅くとも3月いっぱいで解消します。仕事に関して焦りや苛立ちを感じたら、人に頼ること、任せることを考えてみると、視野が広がるかもしれません。

2023年のプチ占い（牡羊座〜乙女座）

牡羊座（3/21-4/20生まれ）

年の前半は「約12年に一度のターニングポイント」のまっただ中。新しい世界に飛び込んでいく人、大チャレンジをする人も。6月から10月上旬は「愛の時間」に突入する。フレッシュで楽しい年に。

牡牛座（4/21-5/21生まれ）

仕事や社会的立場にまつわる重圧から解放された後、「約12年に一度のターニングポイント」に入る。何でもありの、自由な1年になりそう。家族愛に恵まれる。「居場所」が美しくゆたかになる年。

双子座（5/22-6/22生まれ）

2022年8月からの「勝負」は3月まで続く。未来へのチケットを手に入れるための熱い闘い。仲間に恵まれる。さらに2026年にかけて社会的に「高い山に登る」プロセスに入る。千里の道も一歩から。

蟹座（6/23-7/23生まれ）

5月までは「大活躍の時間」が続く。社会的立場が大きく変わる人、「ブレイク」を果たす人も。年の後半は交友関係が膨らみ、行動範囲が広がる。未来への新たなビジョン。経済的に嬉しい追い風が吹く。

獅子座（7/24-8/23生まれ）

年の前半は「冒険と学びの時間」の中にある。未知の世界に旅する人、集中的に学ぶ人も。6月から10月上旬まで「キラキラの愛と楽しみの時間」へ。嬉しいことがたくさん起こりそう。人に恵まれる。

乙女座（8/24-9/23生まれ）

年の前半は「大切な人のために勝負する」時間となる。挑戦の後、素晴らしい戦利品を手にできる。年の後半は未知の世界に飛び出していくことになりそう。旅行、長期の移動、新しい学びの季節へ。

（※天秤座〜魚座はP96）

HOSHIORI

乙女座 2023年 毎月の星模様

月間占い

◆ 星座と天体の記号

「毎月の星模様」では、簡単なホロスコープの図を掲載していますが、各種の記号の意味は、以下の通りです。基本的に西洋占星術で用いる一般的な記号をそのまま用いていますが、新月と満月は、本書オリジナルの表記です（一般的な表記では、月は白い三日月で示し、新月や満月を特別な記号で示すことはありません）。

♈：牡羊座	♉：牡牛座	♊：双子座
♋：蟹座	♌：獅子座	♍：乙女座
♎：天秤座	♏：蠍座	♐：射手座
♑：山羊座	♒：水瓶座	♓：魚座
☉：太陽	●：新月	○：満月
☿：水星	♀：金星	♂：火星
♃：木星	♄：土星	♅：天王星
♆：海王星	♇：冥王星	
℞：逆行	Ɖ：順行	

◆ 月間占いのマーク

　また、「毎月の星模様」には、6種類のマークを添えてあります。マークの個数は「強度・ハデさ・動きの振り幅の大きさ」などのイメージを表現しています。マークの示す意味合いは、以下の通りです。

　マークが少ないと「運が悪い」ということではありません。言わば「追い風の風速計」のようなイメージで捉えて頂ければと思います。

★彡　　特別なこと、大事なこと、全般的なこと

✊　　　情熱、エネルギー、闘い、挑戦にまつわること

🏠　　　家族、居場所、身近な人との関係にまつわること

¥　　　経済的なこと、物質的なこと、ビジネスにおける利益

✏️　　　仕事、勉強、日々のタスク、忙しさなど

♥　　　恋愛、好きなこと、楽しいこと、趣味など

1

JANUARY

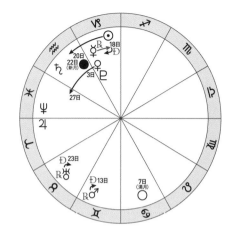

◆「ゆるい時間」も時には必要。

普段はとても働き者のあなたですが、この年明けは少し「ゆるい」雰囲気に包まれるようです。なんとなく怠けてしまったり、遊んでしまったり、どうでもいいようなことで時間を潰したりしたくなるかもしれません。でも、これはあなたの心が「英気を養っている」状態なのです。休む時は休んで。

◆「いつもの暮らし」の中の喜び。

生活が明るく楽しくなりそうです。日々の任務にも不思議な喜びが湧き上がるでしょう。得意技で勝負できる場面が多くなりますし、思いやりが伝わったり、感謝されたりする機会も増えそうです。心身の不調に悩んでいた人は、この時期コンディシ

ョンが上向きになる気配も。良い生活習慣を楽しく取り入れられます。コスメなどを刷新する人も。

◆再び「勝負」の勢いを取り戻す。

去年の10月末頃から、仕事や対外的な活動において「一時停止」していたことがあれば、13日頃を境に前進に転じるでしょう。防御から攻撃にシフトするような転換点です。

♥日常的な「ケア」の効果。

「失った愛が蘇る」ような出来事が起こるかもしれません。懐かしい人から連絡がきて、そこから愛が始まる、といった展開もあり得ます。倦怠期を迎えたカップルも、かつての楽しかった時期を思い出したり、昔の愛の習慣を復活させたりすることによって、新鮮な関係を取り戻せるかもしれません。ハデにデートをしたりするより、地味な日常の中に新鮮な愛を見つけやすい時です。マッサージや優しい言葉がけなど、日常的な「ケア」のアクションが、愛によく効きます。

》》 1月 全体の星模様 《

年末から逆行中の水星が、18日に順行に戻ります。月の上旬から半ば過ぎまでは、物事の展開がスローペースになりそうです。一方、10月末から双子座で逆行していた火星は、13日に順行に転じます。この間モタモタと混乱していた「勝負」は、13日を境に前進し始めるでしょう。この「勝負」は去年8月末からのプロセスですが、3月に向けて一気にラストスパートに入ります。

2
FEBRUARY

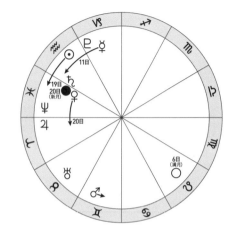

◆ **心の距離が近づく。**

人間関係に恵まれる、楽しい季節です。人と会う機会が増えま
すし、ほめられたり、好意を伝えられたりと、嬉しい展開がた
くさんあるでしょう。また、この時期は普段よりも少し踏み込
んだ関わりになりやすいようです。モノを譲り合ったり、ケア
し合ったりと、心の距離が近づきやすい時です。

◆ **密かな願いを実現する、特別なタイミング。**

月の上旬は、好きなことややりたいことに打ち込みやすいかも
しれません。心の底で望んでいることを、ふと実行に移すチャ
ンスに恵まれます。注意深く流れを読み、「いまだ！」というタ
イミングを掴んだら、一気に突き進んでみたい時です。

◆「はかどる」時間へ。

中旬からはシャープな集中力が出てきて、日々のタスクがさくさく捗りそうです。過去2年ほどの中で作ってきたルーティンや自分なりの方法論が、その真価を現します。「このやり方で、間違っていなかった！」ということを、日々の活動の中で実感できるでしょう。様々な工夫に、すぐに効果が出ます。心身のコンディションもスッキリと好転します。

♥重層的な「好調」の風。

上旬から中旬にかけて、素晴らしい愛の追い風が吹きます。パートナーシップは愛に溢れ、とてもあたたかくなるでしょう。特に上旬は話しやすく、お互いの愛情の深さ、考えの深さを感じ取れそうです。愛を探している人は、人からの紹介や「友達の友達」との出会いなどに妙味があります。誰かに間に入ってもらうことで、話が進みやすいかもしれません。20日前後、素晴らしい出会いや愛の進展の気配が。

≫≫ 2月 全体の星模様 ≪

金星が魚座、水星が水瓶座を運行します。両方とも「機嫌のいい」配置で、愛やコミュニケーションがストレートに進展しそうです。6日の獅子座の満月は天王星とスクエア、破壊力抜群です。変わりそうもないものが一気に変わる時です。20日は魚座で新月が起こり、同日金星が牡羊座に移動、木星と同座します。2023年前半のメインテーマに、明るいスイッチが入ります。

MONTHLY
HOROSCOPE

3

MARCH

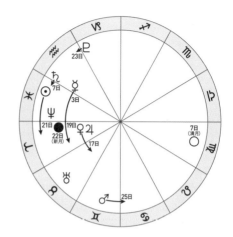

◆**「これはなんだろう？」という刺激。**

上旬から中旬にかけ、慣れ親しんだものとは違うものと頻繁に
関わることになるかもしれません。「これは、すぐには理解でき
ないかもしれないぞ」というものとの出会いが、あなたにフレ
ッシュな刺激をくれるでしょう。月の下旬になると、一転して
スムーズでなじみ深い、愛ある関わりに包まれます。

◆**最後まで戦い抜いて、祝杯をあげる。**

去年の8月下旬から、仕事や対外的な活動において「大勝負」に
挑んでいた人が少なくないはずです。この熱い勝負が25日まで
に収束します。月末には肩の荷が下りて、プレッシャーやスト
レスから解放され、ホッとひと息つけるでしょう。また、厄介

な人物とやり合って苦労していた人も、当の人物が自然に「退場」してくれて、状況が一変しそうです。「お疲れ様でした！」と祝杯をあげたいような月末になりそうです。

◇ **努力の成果が、新たな場所へのチケットになる。**

7日前後、努力が実を結ぶような出来事が起こります。この「果実」があなたと意外な場所を結びつけてくれるようです。

♥ **関わりのなぞなぞを解く。**

上旬から中旬は「謎解き」めいているかもしれません。普段ツーカーのはずのパートナーの気持ちがよくわからなくなったり、自分自身の気持ちが掴めなくなったりする人もいそうです。月の下旬に入る頃には、モヤモヤが晴れて「きちんと話せる」状態になります。二人で協力し、時間をかけて取り組むべきテーマが浮上する気配も。愛を探している人は、ちょっと変わった人物に心惹かれるかもしれません。あなた自身の内なる未知の一面を、相手の存在に映し見ているのかも。

≫≫ **3月 全体の星模様** ≪≪

今年の中で最も重要な転換点です。土星が水瓶座から魚座へ、冥王星が山羊座から水瓶座へと移動します。冥王星は6月に一旦山羊座に戻りますが、今月が「終わりの始まり」です。多くの人が長期的なテーマの転換を経験するでしょう。去年8月下旬から双子座に滞在していた火星も冥王星の翌々日25日に蟹座に抜けます。この月末は、熱い時代の節目となりそうです。

MONTHLY
HOROSCOPE

4
APRIL

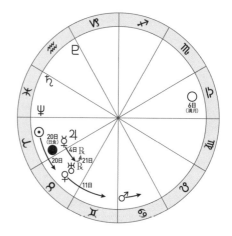

◆熱い勝負への、嬉しい評価。

去年8月下旬頃から「激闘」していた人も少なくないはずですが、その闘いが先月終わり、かわってとても優しい、あたたかい雰囲気に包まれます。これまでの奮闘を高く評価されたり、「御褒美」のような出来事が起こったりするかもしれません。念願のポジションに立つ人も。夢が叶いそうです。

◆交友関係における、前向きな摩擦。 ★彡★彡

仲間や友達との関係に、熱がこもる時期です。互いに積極的であるが故の、衝突や摩擦が生じそうです。無理に丸く収めようとするよりは、腰を据えてしっかり議論するほうが望ましい着地点を見出せます。また、この時期は特に、「金銭的・物質的負

40

担」の問題で揉める傾向も。割り勘や持ち寄りなどの場面では、本質的な公平さに留意したいところです。

◇ **遠くからの、あたたかなサポート。**
月の下旬以降、遠くから懐かしい人が訪ねてきてくれるかもしれません。遠くから心強いサポートを受けられそうです。

♥ **深く踏み込む喜び、そこにまつわるリスク。**
とても官能的な時期です。カップルはお互いに全てを与え合うような、特別な時間を過ごせるかもしれません。心身の距離が消え去り、二人の間でしかわからない深い愛のドラマが進展しそうです。愛を探している人は、同僚や普段の活動の協力者など「一緒に頑張っている相手」との間に愛が芽生える気配も。ちなみにこの時期は、単にフィジカルな誘惑と真剣な恋愛との見極めが難しく感じられるかもしれません。感情の上での「取引」のようなシチュエーションに陥った時は、一度立ち止まって疑ってみる必要がありそうです。

>> 》 **4月 全体の星模様** 《

昨年8月下旬から火星が位置した双子座に11日、金星が入ります。さらに水星は21日からの逆行に向けて減速しており、「去年後半から3月までガンガン勝負していたテーマに、ふんわりとおだやかな時間がやってくる」ことになりそうです。半年以上の激闘を労うような、優しい時間です。20日、木星が位置する牡羊座で日食が起こります。特別なスタートラインです。

MONTHLY
HOROSCOPE

5

MAY

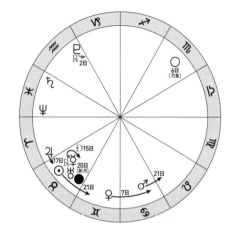

◆ **遠い世界との往来。**

月の前半は遠くの知人から朗報が届きそうです。懐かしい場所
に再訪し、そこで「未来に向かうべき場所」へのヒントを掴む
人も。月の半ばを境に「冒険と学びの季節」に入ります。ここ
から2024年5月まで、大遠征をしたり、専門分野を開拓したり
する時間です。未知の世界に誘われます。

◆ **「みんなで」活動することの意義。**

交友関係や普段のチームワークが活性化します。周囲が積極的
に声をかけてくれますし、あなた自身、この時期は「みんなで
動く」ことに関心が向かうでしょう。いつもは一人でやるよう
なことでも、敢えて「一緒にやろう」と声をかけるところから、

新しい展開が起こるようです。

◎メッセージによる、状況の変化。

6日前後、少しびっくりさせられるようなメッセージが飛び込んでくるかもしれません。「鶴の一声」のような言動で、状況が一変する可能性も。20日前後は、このところ人間関係において抱えていた漠たる悩みの一つが、解決する気配が。

♥オープンな関わり。 ♥ ♥

前述の通り、仲間や友達との関わりが熱く盛り上がります。愛を探している人はその中から、愛の芽が見つかるかもしれません。カップルはオープンな付き合いができる時です。グループでの交際やイベントへの参加など、多くの人の輪の中に二人で入ってゆく、という流れになりやすいかもしれません。二人だけでいる時には見ることのできない顔を見せ合うことで、理解が深まります。また、世の中のことや未来のことなど、「大きなこと」を熱く語る時間を持てそうです。

》》5月 全体の星模様 《

3月に次いで、節目感の強い月です。まず6日、蠍座で月食が起こります。天王星と180度、この日の前後にかなりインパクトの強い変化が起こるかもしれません。15日に逆行中の水星が順行へ、17日に木星が牡羊座から牡牛座に移動します。これも非常に強い「節目」の動きです。約1年の流れがパッと変わります。21日、火星と太陽が星座を移動し、全体にスピード感が増します。

6

JUNE

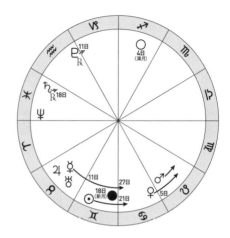

◆**個性を出しやすい、活躍の場。**

爽やかな多忙期です。持ち味を出せる活躍の場に恵まれ、のび
のびと動けるでしょう。目上の人からのサポートや導き、引き
立てにも恵まれます。広い範囲から注目される人も。18日前後、
新しいミッションがスタートします。誰かを助けるため、ある
いは期待に応えるための第一歩のようです。

◆**隠れた問題を根本解決できる。**

第三者からは見えにくいところでも、大奮闘することになるか
もしれません。身内の問題にどっぷり取り組んだり、過去から
引きずってきた悩みの解決に挑んだりと、生活の中の「隠れた
問題点」としっかり向き合う時なのです。身近な人のサポー

トや、公的な支援や専門家の助力も期待できます。自分一人で問題を抱え込みがちな人ほど、この時期は「相談する」ことを意識的に検討すべきかもしれません。「人にうまく話せない」「話すのは恥ずかしい」という人は、紙に悩みを書き出してみるのも一案です。まずは自分自身と対話を。

♥本当の思いやりからの、愛の努力。　　　　　　　　♥

愛が水面下で育ちます。愛の世界ではしばしば、自分自身の気持ちと闘わなければならない場合がありますが、この時期は特にそうしたことが起こりやすいかもしれません。ワガママを抑えようと頑張る人もいれば、意地を張るのをやめて素直になろうと苦労する人もいるでしょう。相手への本物の思いやりを動機として生まれるそうした努力は、きっとこの時期、実を結びます。自分の中の狡さや弱さと闘うことから、愛が大きく育ちます。愛を探している人は、普段とは少し違う方向に目を向けるといいかもしれません。社会的にあまり強い光が当たらない場所に、愛が見つかりやすい時です。

≫≫ 6月 全体の星模様 ≪

火星と金星が獅子座に同座し、熱量が増します。特に3月末から蟹座にあった火星はくすぶっているような状態にあったので、6月に入ると雨が上がってからっと晴れ上がるような爽快さが感じられるかもしれません。牡牛座に入った木星は魚座の土星と60度を組み、長期的な物事を地に足をつけて考え、軌道に乗せるような流れが生まれます。全体に安定感のある月です。

7

JULY

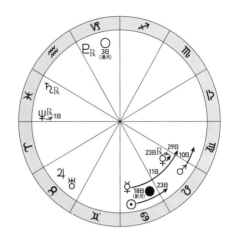

◆**熱い勇気が湧いてくる。**

5月頃から、立ち向かう相手や目指すものの「大きさ」に怯んでいた人もいるかもしれません。自分で選んだ道なのに、その遠さや険しさに驚き、不安になっていた人もいるかもしれませんが、今月中旬以降、そうした怯えや不安に立ち向かう勇気が湧いてきます。動いてみれば、意外と簡単です。

◆**ギブアンドテイクを超える、精神の交わり。** ★彡★彡

6月から「優しさ」が大きなテーマとなっています。誰もが愛や優しさを必要としているのに、それが十分に供給されているとは言えないのが今の世の中のように思えます。この時期、あなたは不思議とゆたかな優しさに包まれるでしょうし、優しさ

を必要としている人に手を差し伸べる機会にも恵まれるようです。無償の好意、ギブアンドテイクの外側にある人間的な精神の交わりが、この時期はいつも「すぐ側（そば）にある」はずです。18日前後「一人の人間として、何を選ぶべきなのか」を強く問われるような出来事が起こる気配も。

♥ 愛の世界でも「勇気」が重要。　　👊👊👊

愛の世界でも「勇気・情熱」がキーワードです。このところ愛について消極的になったり、自信をなくしたりしていた人もいるかもしれませんが、今月中旬を過ぎると一気に胸に情熱が燃え、「それでも、関わってみたい」という意志を持てるでしょう。普段受動的な人も、このタイミングでは敢えて「自分のことは自分で決める」というスタンスに立てます。このことが、相手の心を開くカギになるかもしれません。愛を探している人は、優しい助け合いや「救い」の中に愛を見出（みいだ）せそうです。ケアする気持ちが愛の在処（ありか）を教えてくれます。3日前後「愛が満ちる・実る」ような出来事も。

⟩⟩ 7月 全体の星模様 ⟨⟨

10日に火星が獅子座から乙女座へ、11日に水星が蟹座から獅子座へ移動します。火星が抜けた獅子座に金星と水星が同座し、とても爽やかな雰囲気に包まれます。5月末から熱い勝負を挑んできたテーマが、一転してとても楽しく軽やかな展開を見せるでしょう。一方、乙女座入りした火星は土星、木星と「調停」の形を結びます。問題に正面から向き合い、解決できます。

MONTHLY HOROSCOPE

8

AUGUST

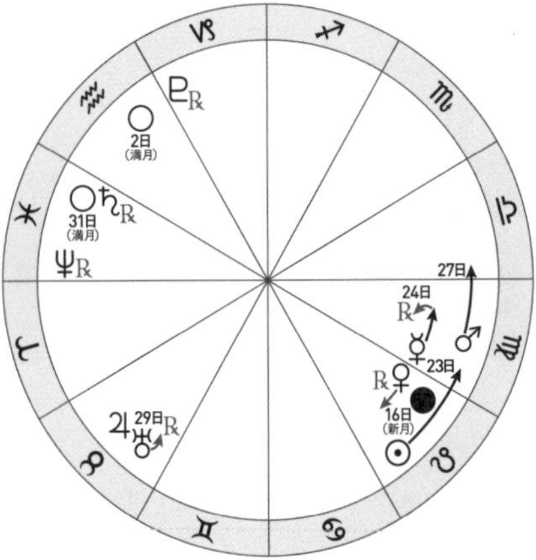

◈内なるエネルギーを燃やす。

熱い闘いの季節です。自分から新しいことを始めたくなったり、とにかく動きたくなったりしそうです。何もしないでいると、不思議な苛立ちを感じるかもしれません。その時はランニングや体操など、身体を動かしてみるとイライラが落ち着くでしょう。内なるエネルギーを燃焼させたい時です。

◈深い「心」の交流。

「過去を振り返る」機会が増えるかもしれません。一人で懐かしい気持ちに浸るため、小旅行に出たり、カフェでぼんやりしたりしたくなるかもしれません。誰かの意外な優しさに触れて、心がふと開くような瞬間があるかもしれません。自分自身との対

話の中で、忘れていた大事なことを思い出せるかもしれません。「なぜいつもこうなってしまうのだろう」という深い悩みに、誰かと一緒に優しい答えを見つけられるかもしれません。自他の「心」を大切にできる時です。

◎ 突然開く、不思議な扉。

16日前後、不思議な扉が不意に開くような出来事が起こるかもしれません。ずっと閉ざされていた扉が、意外な刺激を受けてパッと開かれる気配が。異世界との交流のような展開も。

♥愛の謎に、答えが見つかる。

愛にも引き続き、勇敢かつ積極的になれる時です。自分からガンガン行けますし、相手を自分の世界にすうっと誘い込むようなことができそうです。失った愛が蘇る可能性も。月末、「この人はなぜこういう態度を取るのだろう？」というような謎に、いくつか答えが見つかるかもしれません。普段とは少し違うコミュニケーションが成立しそうです。

》》 8月 全体の星模様 《

乙女座に火星と水星が同座し、忙しい雰囲気に包まれます。乙女座は実務的な星座で、この時期多くの人が「任務」にいつも以上に注力することになりそうです。一方、獅子座の金星は逆行しながら太陽と同座しています。怠けたりゆるんだりすることも、今はとても大事です。2日と31日に満月が起こりますが、特に31日の満月は土星と重なり、問題意識が強まりそうです。

9

SEPTEMBER

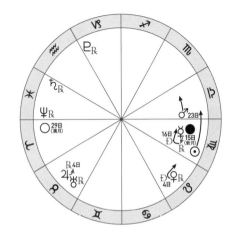

◆ **前半はひと休み、後半は水を得た魚。** ★彡★彡

先月の「熱い闘いの季節」が一段落し、その疲労を回復するために月の前半、休養を取る人も少なくないかもしれません。一度立ち止まって「いつもの自分」に返るための時間を持つ人も。月の半ばを過ぎると、とてものびのびと活動できるようになります。持ち味を出しやすい、自由自在な時間です。

◆ **合理的説明のつかない「満足」。**

経済活動に熱がこもります。欲しいものを手に入れるため、または収入を増やすため、精力的に活動することになりそうです。大きな買い物に臨む人も。入るほうも出るほうも動きが活発ですが、特に「お金の使い方」が、少し不思議なものになるかも

しれません。一般に、人は損得を大事にすると考えられていますが、その一方で寄付やお賽銭、愛する人に「貢ぐ」ような行為など、合理的な損得を超えたお金の使い方をすることがよくあります。この時期は数字で計算できる損得を超えた「満足」を追求したくなる気配があるのです。

♥ **いたわり合う関係。** ♥

「愛のケア」の時間が続いています。大切な人と助け合ったり、いたわり合ったりする中で愛が育ちます。また、愛について「過去を振り返る」ような動きも続いています。特に月の前半は愛の世界においても迷ったり、「自分の選択は本当に正しかったのだろうか？」と自問したりする場面があるかもしれません。月の半ばを過ぎると「自分はこれでいいのだ」という確信を持てるようになるでしょう。月末、愛する人とぐっと心が近づく場面があるかもしれません。また、素敵なギフトを受け取れる気配も。愛を探している人は、第三者からは見えない、少し隠れた場所で出会いがありそうです。

≫≫ 9月 全体の星模様 ≪

月の前半、水星が乙女座で逆行します。物事の振り返りややり直しに見るべきものが多そうです。15日に乙女座で新月、翌16日に水星順行で、ここが「節目」になるでしょう。物事がスムーズな前進に転じます。8月に逆行していた金星も4日、順行に戻り、ゆるみがちだったことがだんだん好調になってきます。火星は天秤座で少し不器用に。怒りのコントロールが大切です。

10

OCTOBER

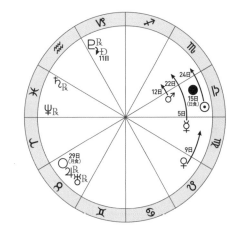

◆**遊ぶときは、思い切って遊ぶ。** ♥ ♥ ♥

楽しい季節です。嬉しいことがたくさん起こりそうですし、物事を「楽しもう！」という気持ちが強まります。普段「きちんとする」ことをモットーとする人も多い乙女座の人々ですが、この時期は敢えて「きちんと」を棚に上げ、遊ぶことやふざけること、怠けることを味わっても良さそうです。

◆**期間限定の、衝動買い。**

買い物など、経済的な行動のパターンが、この時期は普段と少し違ってくるかもしれません。たとえば、いつも節約を心がけている人が少し無駄遣いしてしまったり、物を買う時は時間をかけて吟味する習慣のある人が、この時期だけは衝動買いに走

ったり、といったことが起こりやすいのです。ただ、それが「悪いこと」かというと、そうでもないのかもしれません。あなたの心が深く充たされたり、明るく高揚したりするならば、それは「いい使い方」なのだと思います。

◎熱いコミュニケーションが始まる。

月の半ば以降、コミュニケーションが熱く盛り上がります。積極的に対話し、議論し、学んで、急成長できます。フットワークを活かせる時で、行動範囲が広がります。

♥より魅力的に「変身」できる時。

9日以降、キラキラの愛の季節となります。このところ愛について不器用に悩みがちな人も、この時期は「受け入れる・相手のリズムに乗る」ことを意識することで、良い流れを掴めるでしょう。「より美しくなる・魅力的になる」ことに関心が向かう時でもあります。ファッションやヘアスタイルなどの刷新が、愛のドラマの進展に繋がる可能性も。

》》 **10月 全体の星模様** 《

獅子座の金星が9日に乙女座へ、天秤座の火星が12日に蠍座へ、それぞれ移動します。月の上旬は前月の雰囲気に繋がっていますが、中旬に入る頃にはガラッと変わり、熱いチャレンジの雰囲気が強まるでしょう。15日、天秤座で日食が起こります。人間関係の大きな転換点です。月末には木星の近くで月食、2023年のテーマの「マイルストーン」的な出来事の気配が。

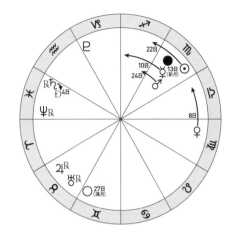

◆**出不精な気持ちを振りきって、外へ。**

先月少し「ゆるい」状態にあった人も、8日を過ぎると気持ちが引き締まり、意欲が湧いてきます。とはいえ、まだ妙に「知っている世界」に留まりたい気持ちもあるかもしれませんが、この時期は思い切って外に出て、新しいものや他者の声に触れたほうが、得るものが多いようです。扉を開けて。

◆**「いい取引」ができる時。**

経済的に、強い上昇気流が生まれます。先月の、ある種「コントロール不能」の状況から抜け出し、いい形でお金をハンドリングできます。欲しいものが手に入りますし、収入アップのためのアクションも功を奏するでしょう。「いい取引」ができる時

で、利益にこだわって大きめの成果を挙げられます。今は特に、広い視野に立って、長い目で見て取引の条件を設定することがポイントです。とはいえ「気が大きくなる」傾向もある時なので、過度な散財には注意したいところです。

◆月末のターニングポイント。 ★彡★彡

月末、かなり大きなターニングポイントが巡ってきます。公私ともに、生活がガラッと変わるような重大な岐路に立つ人が少なくないでしょう。特に、キャリアにおいて収めた成果が、人間関係や居場所にまつわる条件を変える気配が。

♥熱い本音をぶつけ合う。

月の上旬はキラキラした雰囲気が続いています。中旬に入ると状況は少し落ち着きますが、愛のコミュニケーションにはさらなる勢いが増しそうです。メッセージのやりとりや電話など、連絡を取り合う機会が増えますし、真剣な対話を重ねる必要も出てくるかもしれません。本音で語り合って。

》》 11月 全体の星模様 《

火星は24日まで蠍座に、金星は8日から天秤座に入ります。どちらも「自宅」の配置で、パワフルです。愛と情熱、人間関係と闘争に関して、大きな勢いが生まれるでしょう。他者との関わりが密度を増します。水星は10日から射手座に入りますが、ここでは少々浮き足立つ感じがあります。特に、コミュニケーションや交通に関して、「脱線」が生じやすいかもしれません。

MONTHLY
HOROSCOPE

12

DECEMBER

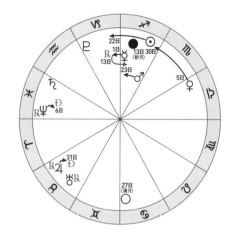

◆外に出るための「ベースキャンプ」。　　　　🏠🏠🏠

「居場所が動く」時です。今年の「年末の大掃除」は例年よりも
大々的に、徹底的に取り組むことになるかもしれません。引っ
越しや家族構成の変化など、よりドラスティックなイベントも
起こりやすい時です。よりスケールの大きな活動のための「ベ
ースキャンプ」としての住環境を整備できそうです。

◆少しくらい話が大きくなっても、大丈夫。　　　　★彡

コミュニケーションが楽しく盛り上がる時です。気の置けない
仲間とワイワイおしゃべりしたり、来年の旅行の計画を立てた
りと、心躍る対話を重ねていけそうです。少し気が大きくなっ
て大風呂敷を広げてしまい、後で「あんなことを言ってしまっ

たけど、実現は難しいかも…」と後悔する場面も。ただ、この時期は無理に話をキチキチと縛ることなく、奔放に語り合うほうが、結果的に得るものが多いのかもしれません。普段真面目な話しかしない人も、この時期はかなり思い切ってふざけたり、冗談を言ったりできそうです。楽しんで。

◎楽しみがよみがえる。

かつての趣味が「復活」するかもしれません。以前好きだった音楽を聴き直したり、長くやめていた創作活動を再開したりと、なにかしら「蘇る楽しみ」がありそうです。

♥愛の再生、問題解決。

失ったと思った愛が、再生するかもしれません。たとえば過去の恋人から連絡が来たなら、両者が過去の時点から成長を遂げている場合、その愛は蘇る可能性があります。愛を探している人は、以前よく遊んだ場所を再訪すると、きっかけを掴めるかもしれません。月末、愛の問題解決の気配が。

》12月 全体の星模様 《

火星は射手座に、金星は蠍座に、水星は山羊座に入ります。年末らしく忙しい雰囲気です。経済は沸騰気味、グローバルなテーマが注目されそうです。13日が転換点で射手座の新月、水星が逆行開始です。ここまで外へ外へと広がってきたものが、一転して内向きに展開し始める可能性も。27日、蟹座の満月は水星、木星と小三角を組み、今年1年の「まとめ」を照らし出します。

HOSHIORI

月と星で読む
乙女座 365日のカレンダー

◆月の巡りで読む、12種類の日。

　毎日の占いをする際、最も基本的な「時計の針」となるのが、月の動きです。「今日、月が何座にいるか」がわかれば、今日のあなたの生活の中で、どんなテーマにスポットライトが当たっているかがわかります（P.64からの「365日のカレンダー」に、毎日の月のテーマが書かれています。🌙マークは新月や満月など、◆マークは星の動きです）。

　本書では、月の位置による「その日のテーマ」を、右の表のように表しています。

　月は1ヵ月で12星座を一回りするので、一つの星座に2日半ほど滞在します。ゆえに、右の表の「○○の日」は、毎日変わるのではなく、2日半ほどで切り替わります。

　月が星座から星座へと移動するタイミングが、切り替えの時間です。この「切り替えの時間」はボイドタイムの終了時間と同じです。

1. **スタートの日**：物事が新しく始まる日。
「仕切り直し」ができる、フレッシュな雰囲気の日。

2. **お金の日**：経済面・物質面で動きが起こりそうな日。
自分の手で何かを創り出せるかも。

3. **メッセージの日**：素敵なコミュニケーションが生まれる。
外出、勉強、対話の日。待っていた返信が来る。

4. **家の日**：身近な人や家族との関わりが豊かになる。
家事や掃除など、家の中のことをしたくなるかも。

5. **愛の日**：恋愛他、愛全般に追い風が吹く日。
好きなことができる。自分の時間を作れる。

6. **メンテナンスの日**：体調を整えるために休む人も。
調整や修理、整理整頓、実務などに力がこもる。

7. **人に会う日**：文字通り「人に会う」日。
人間関係が活性化する。「提出」のような場面も。

8. **プレゼントの日**：素敵なギフトを受け取れそう。
他人のアクションにリアクションするような日。

9. **旅の日**：遠出することになるか、または、
遠くから人が訪ねてくるかも。専門的学び。

10. **達成の日**：仕事や勉強など、頑張ってきたことについて、
何らかの結果が出るような日。到達。

11. **友だちの日**：交友関係が広がる、賑やかな日。
目指している夢や目標に一歩近づけるかも。

12. **ひみつの日**：自分一人の時間を持てる日。
自分自身としっかり対話できる。

◆ 太陽と月と星々が巡る「ハウス」のしくみ。

　前ページの、月の動きによる日々のテーマは「ハウス」というしくみによって読み取れます。

　「ハウス」は、「世俗のハウス」とも呼ばれる、人生や生活の様々なイベントを読み取る手法です。12星座の一つ一つを「部屋」に見立て、そこに星が出入りすることで、その時間に起こる出来事の意義やなりゆきを読み取ろうとするものです。

　自分の星座が「第1ハウス」で、そこから反時計回りに12まで数字を入れてゆくと、ハウスの完成です。

第1ハウス:「自分」のハウス
第2ハウス:「生産」のハウス
第3ハウス:「コミュニケーション」のハウス
第4ハウス:「家」のハウス
第5ハウス:「愛」のハウス
第6ハウス:「任務」のハウス
第7ハウス:「他者」のハウス
第8ハウス:「ギフト」のハウス
第9ハウス:「旅」のハウス
第10ハウス:「目標と結果」のハウス
第11ハウス:「夢と友」のハウス
第12ハウス:「ひみつ」のハウス

例：乙女座の人の場合

山羊座　射手座　蠍座　天秤座　乙女座　獅子座　蟹座　双子座　牡牛座　牡羊座　魚座　水瓶座

自分の星座が
第1ハウス

反時計回り

たとえば、今日の月が射手座に位置していたとすると、この日は「第4ハウスに月がある」ということになります。

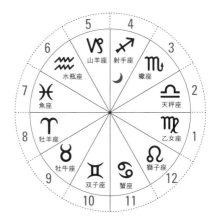

　前々ページの「〇〇の日」の前に打ってある数字は、実はハウスを意味しています。「第4ハウスに月がある」日は、「4. 家の日」です。

　太陽と月、水星から海王星までの惑星、そして準惑星の冥王星が、この12のハウスをそれぞれのスピードで移動していきます。「どの星がどのハウスにあるか」で、その時間のカラーやそのとき起こっていることの意味を、読み解くことができるのです。詳しくは『星読み＋ 2022〜2032年データ改訂版』(幻冬舎コミックス刊)、または『月で読むあしたの星占い』(すみれ書房刊)でどうぞ！

1 · JANUARY ·

1 日　プレゼントの日 ▶ 旅の日　　　　　　　　　　　　　　［ボイド 〜02:10］
遠い場所との間に、橋が架かり始める。

2 月　旅の日
遠出したり、遠くから人が訪ねてくれたりする日。発信力も増す。

3 火　旅の日 ▶ 達成の日　　　　　　　　　　　　　　　［ボイド 07:17〜11:46］
意欲が湧く。はっきりした成果が出る時間へ。
◆金星が「任務」のハウスへ。美しい生活スタイルの実現。美のための習慣。楽しい仕事。

4 水　達成の日
目標に手が届く。結果が出る日。人から認められる場面も。

5 木　達成の日 ▶ 友だちの日　　　　　　　　　　　　　　［ボイド 09:09〜23:16］
肩の力が抜け、伸びやかな気持になれる。

6 金　友だちの日
未来のプランを立てる。友だちと過ごせる。チームワーク。

7 土　○友だちの日
未来のプランを立てる。友だちと過ごせる。チームワーク。
☽「夢と友」のハウスで満月。希望してきた条件が整う。友や仲間への働きかけが「実る」。

8 日　友だちの日 ▶ ひみつの日　　　　　　　　　　　　　［ボイド 07:25〜11:42］
ざわめきから少し離れたくなる。自分の時間。

9 月　ひみつの日
一人の時間。過去を振り返り、戦略を練る。自分を大事にする。

10 火　ひみつの日　　　　　　　　　　　　　　　　　　　［ボイド 10:54〜］
一人の時間。過去を振り返り、戦略を練る。自分を大事にする。

11 水　ひみつの日 ▶ スタートの日　　　　　　　　　　　　　［ボイド 〜00:17］
新しいことを始めやすい時間に切り替わる。

12 木　スタートの日
主役の意識で動く。新しい選択肢を選べる。気持ちが切り替わる。

13 金　スタートの日 ▶ お金の日　　　　　　　　　　　　　［ボイド 08:08〜11:58］
物質面・経済活動が活性化する時間に入る。
◆火星が「目標と結果」のハウスで順行へ。仕事や対外的な活動における勝負の「仕切り直し」。

14 土　お金の日
いわゆる「金運がいい」日。実入りが良く、いい買い物もできそう。

15 日　◗お金の日 ▶ メッセージの日　　　　　　　　　　　　［ボイド 17:41〜21:10］
「動き」が出てくる。コミュニケーションの活性。

16 月　メッセージの日
待っていた朗報が届く。勉強が捗る。外に出たくなる日。

17 火　メッセージの日　　　　　　　　　　　　　　　　　　　　　　　［ボイド 23:29〜］
待っていた朗報が届く。勉強が捗る。外に出たくなる日。

18 水　メッセージの日 ▶ 家の日　　　　　　　　　　　　　　　　　　　　［ボイド 〜02:35］
生活環境に目が向かう。原点回帰。
◆水星が「愛」のハウスで順行へ。愛や創造的活動の「前進再開」。
発言力が強まる。

19 木　家の日　　　　　　　　　　　　　　　　　　　　　　　　　　　　［ボイド 19:10〜］
「普段の生活」が充実。身内との関係強化。環境改善ができる。

20 金　家の日 ▶ 愛の日　　　　　　　　　　　　　　　　　　　　　　　［ボイド 〜04:13］
愛の追い風が吹く。好きなことができる。
◆太陽が「任務」のハウスへ。1年のサイクルの中で「健康・任務・
日常」を再構築するとき。

21 土　愛の日
愛について嬉しいことがある。子育て、趣味、創作にも追い風が。

22 日　●愛の日 ▶ メンテナンスの日　　　　　　　　　　　　　［ボイド 00:54〜03:30］
「やりたいこと」から「やるべきこと」へのシフト。
🌙「任務」のハウスで新月。新しい生活習慣、新しい任務がスタート
するとき。体調の調整。

23 月　メンテナンスの日　　　　　　　　　　　　　　　　　　　　　　［ボイド 19:21〜］
生活や心身の故障部分を修理できる。ケアしたり、されたり。
◆天王星が「旅」のハウスで順行へ。大きな迷いに暫定的な答えが
出て、一歩先に進める。

24 火　メンテナンスの日 ▶ 人に会う日　　　　　　　　　　　　　　　　［ボイド 〜02:37］
「自分の世界」から「外界」へ出るような節目。

25 水　人に会う日
人に会ったり、会う約束をしたりする日。出会いの気配も。

26 木　人に会う日 ▶ プレゼントの日　　　　　　　　　　　　　［ボイド 01:13〜03:50］
他者との関係に、さらに一歩踏み込めるように。

27 金　プレゼントの日
人から貴重なものを受け取れる。提案を受ける場面も。
◆金星が「他者」のハウスへ。人間関係から得られる喜び。愛ある
パートナーシップ。

28 土　プレゼントの日 ▶ 旅の日　　　　　　　　　　　　　　　［ボイド 06:03〜08:44］
遠い場所との間に、橋が架かり始める。

29 日　◐旅の日
遠出したり、遠くから人が訪ねてくれたりする日。発信力も増す。

30 月　旅の日 ▶ 達成の日　　　　　　　　　　　　　　　　　　［ボイド 14:54〜17:36］
意欲が湧く。はっきりした成果が出る時間へ。

31 火　達成の日
目標に手が届く。結果が出る日。人から認められる場面も。

2 ·FEBRUARY·

1 水	達成の日	[ボイド 21:00〜]
	目標に手が届く。結果が出る日。人から認められる場面も。	

2 木	達成の日 ▶ 友だちの日	[ボイド 〜05:13]
	肩の力が抜け、伸びやかな気持ちになれる。	

3 金	友だちの日	
	未来のプランを立てる。友だちと過ごせる。チームワーク。	

4 土	友だちの日 ▶ ひみつの日	[ボイド 15:21〜17:50]
	ざわめきから少し離れたくなる。自分の時間。	

5 日	ひみつの日	
	一人の時間。過去を振り返り、戦略を練る。自分を大事にする。	

6 月	○ひみつの日	[ボイド 23:17〜]
	一人の時間。過去を振り返り、戦略を練る。自分を大事にする。 ☽「ひみつ」のハウスで満月。時間をかけて治療してきた傷が癒える。 自他を赦し赦される。	

7 火	ひみつの日 ▶ スタートの日	[ボイド 〜06:16]
	新しいことを始めやすい時間に切り替わる。	

8 水	スタートの日	
	主役の意識で動く。新しい選択肢を選べる。気持ちが切り替わる。	

9 木	スタートの日 ▶ お金の日	[ボイド 15:42〜17:48]
	物質面・経済活動が活性化する時間に入る。	

10 金	お金の日	
	いわゆる「金運がいい」日。実入りが良く、いい買い物もできそう。	

11 土	お金の日	
	いわゆる「金運がいい」日。実入りが良く、いい買い物もできそう。 ◆水星が「任務」のハウスへ。日常生活の整理、整備。健康チェック。心身の調律。	

12 日	お金の日 ▶ メッセージの日	[ボイド 01:43〜03:36]
	「動き」が出てくる。コミュニケーションの活性。	

13 月	メッセージの日	
	待っていた朗報が届く。勉強が捗る。外に出たくなる日。	

14 火	メッセージの日 ▶ 家の日	[ボイド 08:54〜10:33]
	生活環境や身内に目が向かう。原点回帰。	

15 水	家の日	
	「普段の生活」が充実。身内との関係強化。環境改善ができる。	

16 木	家の日 ▶ 愛の日	[ボイド 10:07〜14:01]
	愛の追い風が吹く。好きなことができる。	

17 金	愛の日	
	愛について嬉しいことがある。子育て、趣味、創作にも追い風が。	

18 土 愛の日 ▶ メンテナンスの日 ［ボイド 13:19～14:36］
「やりたいこと」から「やるべきこと」へのシフト。

19 日 メンテナンスの日
生活や心身の故障部分を修理できる。ケアしたり、されたり。
◆太陽が「他者」のハウスへ。1年のサイクルの中で人間関係を「結び直す」とき。

20 月 ●メンテナンスの日 ▶ 人に会う日 ［ボイド 11:02～13:58］
「自分の世界」から「外界」へ出るような節目。
☽「他者」のハウスで新月。出会いのとき。誰かとの関係が刷新。未来への約束を交わす。◆金星が「ギフト」のハウスへ。欲望の解放と調整、他者への要求、他者からの要求。甘え。

21 火 人に会う日
人に会ったり、会う約束をしたりする日。出会いの気配も。

22 水 人に会う日 ▶ プレゼントの日 ［ボイド 13:07～14:15］
他者との関係に、さらに一歩踏み込めるように。

23 木 プレゼントの日
人から貴重なものを受け取れる。提案を受ける場面も。

24 金 プレゼントの日 ▶ 旅の日 ［ボイド 16:23～17:31］
遠い場所との間に、橋が架かり始める。

25 土 旅の日
遠出したり、遠くから人が訪ねてくれたりする日。発信力も増す。

26 日 旅の日 ［ボイド 23:44～］
遠出したり、遠くから人が訪ねてくれたりする日。発信力も増す。

27 月 ●旅の日 ▶ 達成の日 ［ボイド ～00:49］
意欲が湧く。はっきりした成果が出る時間へ。

28 火 達成の日
目標に手が届く。結果が出る日。人から認められる場面も。

3 ·MARCH·

1 水
達成の日 ▶ 友だちの日 [ボイド 10:09〜11:42]
肩の力が抜け、伸びやかな気持ちになれる。

2 木
友だちの日
未来のプランを立てる。友だちと過ごせる。チームワーク。

3 金
友だちの日 [ボイド 23:24〜]
未来のプランを立てる。友だちと過ごせる。チームワーク。
◆水星が「他者」のハウスへ。正面から向き合う対話。調整のための交渉。若い人との出会い。

4 土
友だちの日 ▶ ひみつの日 [ボイド 〜00:17]
ざわめきから少し離れたくなる。自分の時間。

5 日
ひみつの日
一人の時間。過去を振り返り、戦略を練る。自分を大事にする。

6 月
ひみつの日 ▶ スタートの日 [ボイド 12:20〜12:40]
新しいことを始めやすい時間に切り替わる。

7 火
○ スタートの日
主役の意識で動く。新しい選択肢を選べる。気持ちが切り替わる。
☽「自分」のハウスで満月。現在の自分を受け入れられる。誰かに受け入れてもらえる。◆土星が「他者」のハウスへ。時間をかけた信頼関係の構築へ。他者との関わり方を問い直す。

8 水
スタートの日 ▶ お金の日 [ボイド 23:09〜23:46]
物質面・経済活動が活性化する時間に入る。

9 木
お金の日
いわゆる「金運がいい」日。実入りが良く、いい買い物もできそう。

10 金
お金の日
いわゆる「金運がいい」日。実入りが良く、いい買い物もできそう。

11 土
お金の日 ▶ メッセージの日 [ボイド 08:38〜09:07]
「動き」が出てくる。コミュニケーションの活性。

12 日
メッセージの日
待っていた朗報が届く。勉強が捗る。外に出たくなる日。

13 月
メッセージの日 ▶ 家の日 [ボイド 16:00〜16:22]
生活環境や身内に目が向かう。原点回帰。

14 火
家の日
「普段の生活」が充実。身内との関係強化。環境改善ができる。

15 水
◑ 家の日 ▶ 愛の日 [ボイド 17:52〜21:07]
愛の追い風が吹く。好きなことができる。

16 木
愛の日
愛について嬉しいことがある。子育て、趣味、創作にも追い風が。

17 金
愛の日 ▶ メンテナンスの日　　　　　　　　　　　[ボイド 23:15〜23:27]
「やりたいこと」から「やるべきこと」へのシフト。
◆金星が「旅」のハウスへ。楽しい旅の始まり、旅の仲間。研究の果実。距離を越える愛。

18 土
メンテナンスの日
生活や心身の故障部分を修理できる。ケアしたり、されたり。

19 日
メンテナンスの日　　　　　　　　　　　　　　　[ボイド 19:35〜]
生活や心身の故障部分を修理できる。ケアしたり、されたり。
◆水星が「ギフト」のハウスへ。利害のマネジメント。コンサルテーション。カウンセリング。

20 月
メンテナンスの日 ▶ 人に会う日　　　　　　　　　[ボイド 〜00:14]
「自分の世界」から「外界」へ出るような節目。

21 火
人に会う日
人に会ったり、会う約束をしたりする日。出会いの気配も。
◆太陽が「ギフト」のハウスへ。1年のサイクルの中で経済的授受のバランスを見直すとき。

22 水
● 人に会う日 ▶ プレゼントの日　　　　　　　　[ボイド 01:00〜01:03]
他者との関係に、さらに一歩踏み込めるように。
🌑「ギフト」のハウスで新月。心の扉を開く。誰かに導かれての経験。ギフトから始まること。

23 木
プレゼントの日
人から貴重なものを受け取れる。提案を受ける場面も。
◆冥王星が「任務」のハウスへ。ここから2043年頃にかけ、生活のあり方が様変わりする。

24 金
プレゼントの日 ▶ 旅の日　　　　　　　　　　　[ボイド 02:15〜03:44]
遠い場所との間に、橋が架かり始める。

25 土
旅の日
遠出したり、遠くから人が訪ねてくれたりする日。発信力も増す。
◆火星が「夢と友」のハウスへ。交友関係やチームワークに「熱」がこもる。夢を叶える勝負。

26 日
旅の日 ▶ 達成の日　　　　　　　　　　　　　[ボイド 01:21〜09:43]
意欲が湧く。はっきりした成果が出る時間へ。

27 月
達成の日
目標に手が届く。結果が出る日。人から認められる場面も。

28 火
達成の日 ▶ 友だちの日　　　　　　　　　　　[ボイド 10:41〜19:24]
肩の力が抜け、伸びやかな気持ちになれる。

29 水
◑ 友だちの日
未来のプランを立てる。友だちと過ごせる。チームワーク。

30 木
友だちの日　　　　　　　　　　　　　　　　　[ボイド 22:47〜]
未来のプランを立てる。友だちと過ごせる。チームワーク。

31 金
友だちの日 ▶ ひみつの日　　　　　　　　　　　[ボイド 〜07:33]
ざわめきから少し離れたくなる。自分の時間。

4 ・APRIL・

1 土
ひみつの日
一人の時間。過去を振り返り、戦略を練る。自分を大事にする。

2 日
ひみつの日 ▶ スタートの日 　　　　　　　　　[ボイド 15:05〜19:59]
新しいことを始めやすい時間に切り替わる。

3 月
スタートの日
主役の意識で動く。新しい選択肢を選べる。気持ちが切り替わる。

4 火
スタートの日 　　　　　　　　　　　　　　[ボイド 22:52〜]
主役の意識で動く。新しい選択肢を選べる。気持ちが切り替わる。
◆水星が「旅」のハウスへ。軽やかな旅立ち。勉強や研究に追い風
が。導き手に恵まれる。

5 水
スタートの日 ▶ お金の日 　　　　　　　　　　[ボイド 〜06:53]
物質面・経済活動が活性化する時間に入る。

6 木
○お金の日 　　　　　　　　　　　　　　　[ボイド 21:44〜]
いわゆる「金運がいい」日。実入りが良く、いい買い物もできそう。
☽「生産」のハウスで満月。経済的・物質的な努力が実り、収穫が
得られる。豊かさ、満足。

7 金
お金の日 ▶ メッセージの日 　　　　　　　　　[ボイド 〜15:31]
「動き」が出てくる。コミュニケーションの活性。

8 土
メッセージの日
待っていた朗報が届く。勉強が捗る。外に出たくなる日。

9 日
メッセージの日 ▶ 家の日 　　　　　　　　　[ボイド 18:11〜21:58]
生活環境や身内に目が向かう。原点回帰。

10 月
家の日
「普段の生活」が充実。身内との関係強化。環境改善ができる。

11 火
家の日 　　　　　　　　　　　　　　　　[ボイド 19:49〜]
「普段の生活」が充実。身内との関係強化。環境改善ができる。
◆金星が「目標と結果」のハウスへ。目標達成と勲章。気軽に掴め
るチャンス。嬉しい配役。

12 水
家の日 ▶ 愛の日 　　　　　　　　　　　　　[ボイド 〜02:35]
愛の追い風が吹く。好きなことができる。

13 木
◐愛の日 　　　　　　　　　　　　　　　　[ボイド 23:16〜]
愛について嬉しいことがある。子育て、趣味、創作にも追い風が。

14 金
愛の日 ▶ メンテナンスの日 　　　　　　　　　[ボイド 〜05:44]
「やりたいこと」から「やるべきこと」へのシフト。

15 土
メンテナンスの日
生活や心身の故障部分を修理できる。ケアしたり、されたり。

16 日
メンテナンスの日 ▶ 人に会う日 　　　　　　　[ボイド 00:17〜07:58]
「自分の世界」から「外界」へ出るような節目。

17 月　人に会う日
人に会ったり、会う約束をしたりする日。出会いの気配も。

18 火　人に会う日 ▶ プレゼントの日　　　　　　　[ボイド 03:59～10:11]
他者との関係に、さらに一歩踏み込めるように。

19 水　プレゼントの日
人から貴重なものを受け取れる。提案を受ける場面も。

20 木　●プレゼントの日 ▶ 旅の日　　　　　　　[ボイド 13:14～13:31]
遠い場所との間に、橋が架かり始める。
☾「ギフト」のハウスで日食。誰かとの協力関係が、少々神秘的な形でスタートする。◆太陽が「旅」のハウスへ。1年のサイクルの中で「精神的成長」を確認するとき。

21 金　旅の日
遠出したり、遠くから人が訪ねてくれたりする日。発信力も増す。
◆水星が「旅」のハウスで逆行開始。後戻りする旅、再訪。再研究、再発見。迷路。

22 土　旅の日 ▶ 達成の日　　　　　　　　　　[ボイド 12:43～19:13]
意欲が湧く。はっきりした成果が出る時間へ。

23 日　達成の日
目標に手が届く。結果が出る日。人から認められる場面も。

24 月　達成の日　　　　　　　　　　　　　　[ボイド 21:17～]
目標に手が届く。結果が出る日。人から認められる場面も。

25 火　達成の日 ▶ 友だちの日　　　　　　　　[ボイド ～04:00]
肩の力が抜け、伸びやかな気持ちになれる。

26 水　友だちの日
未来のプランを立てる。友だちと過ごせる。チームワーク。

27 木　友だちの日 ▶ ひみつの日　　　　　　　[ボイド 08:42～15:31]
ざわめきから少し離れたくなる。自分の時間。

28 金　●ひみつの日
一人の時間。過去を振り返り、戦略を練る。自分を大事にする。

29 土　ひみつの日　　　　　　　　　　　　　　[ボイド 19:54～]
一人の時間。過去を振り返り、戦略を練る。自分を大事にする。

30 日　ひみつの日 ▶ スタートの日　　　　　　　[ボイド ～04:01]
新しいことを始めやすい時間に切り替わる。

5 ・MAY・

1 月
スタートの日
主役の意識で動く。新しい選択肢を選べる。気持ちが切り替わる。

2 火
スタートの日 ▶ お金の日 [ボイド 08:54〜15:11]
物質面・経済活動が活性化する時間に入る。
◆冥王星が「任務」のハウスで逆行開始。支配関係の根を掘り下げるような時間へ。

3 水
お金の日
いわゆる「金運がいい」日。実入りが良く、いい買い物もできそう。

4 木
お金の日 ▶ メッセージの日 [ボイド 18:18〜23:34]
「動き」が出てくる。コミュニケーションの活性。

5 金
メッセージの日
待っていた朗報が届く。勉強が捗る。外に出たくなる日。

6 土
○メッセージの日 [ボイド 23:39〜]
待っていた朗報が届く。勉強が捗る。外に出たくなる日。
☽「コミュニケーション」のハウスで月食。コミュニケーションに不思議な魔法がかかる。意外な朗報。

7 日
メッセージの日 ▶ 家の日 [ボイド 〜05:06]
生活環境や身内に目が向かう。原点回帰。
◆金星が「夢と友」のハウスへ。友や仲間との交流が華やかに。「恵み」を受け取れる。

8 月
家の日
「普段の生活」が充実。身内との関係強化。環境改善ができる。

9 火
家の日 ▶ 愛の日 [ボイド 05:30〜08:35]
愛の追い風が吹く。好きなことができる。

10 水
愛の日
愛について嬉しいことがある。子育て、趣味、創作にも追い風が。

11 木
愛の日 ▶ メンテナンスの日 [ボイド 08:54〜11:07]
「やりたいこと」から「やるべきこと」へのシフト。

12 金
メンテナンスの日
生活や心身の故障部分を修理できる。ケアしたり、されたり。

13 土
メンテナンスの日 ▶ 人に会う日 [ボイド 12:17〜13:41]
「自分の世界」から「外界」へ出るような節目。

14 日
人に会う日
人に会ったり、会う約束をしたりする日。出会いの気配も。

15 月
人に会う日 ▶ プレゼントの日 [ボイド 11:58〜16:57]
他者との関係に、さらに一歩踏み込めるように。
◆水星が「旅」のハウスで順行へ。旅程の混乱や情報の錯綜が正常化する。目的地が見える。

16	火	プレゼントの日 人から貴重なものを受け取れる。提案を受ける場面も。

17	水	プレゼントの日 ▶ 旅の日　　　　　　　　　　　　［ボイド 18:11～21:29］ 遠い場所との間に、橋が架かり始める。 ◆木星が「旅」のハウスへ。ここから1年ほどをかけた「旅」の始まり。 学び始める人も。

18	木	旅の日 遠出したり、遠から人が訪ねてくれたりする日。発信力も増す。

19	金	旅の日 遠出したり、遠から人が訪ねてくれたりする日。発信力も増す。

20	土	●旅の日 ▶ 達成の日　　　　　　　　　　　　　［ボイド 02:52～03:49］ 意欲が湧く。はっきりした成果が出る時間へ。 🌙「旅」のハウスで新月。旅に出発する。専門分野を開拓し始める。 矢文を放つ。

21	日	達成の日 目標に手が届く。結果が出る日。人から認められる場面も。 ◆火星が「ひみつ」のハウスへ。内なる敵と闘って克服できる時間。 自分の真の強さを知る。◆太陽が「目標と結果」のハウスへ。1年 のサイクルの中で「目標と達成」を確認するとき。

22	月	達成の日 ▶ 友だちの日　　　　　　　　　　　　［ボイド 07:13～12:30］ 肩の力が抜け、伸びやかな気持ちになれる。

23	火	友だちの日 未来のプランを立てる。友だちと過ごせる。チームワーク。

24	水	友だちの日 ▶ ひみつの日　　　　　　　　　　　［ボイド 18:14～23:36］ ざわめきから少し離れたくなる。自分の時間。

25	木	ひみつの日 一人の時間。過去を振り返り、戦略を練る。自分を大事にする。

26	金	ひみつの日　　　　　　　　　　　　　　　　　　［ボイド 15:40～］ 一人の時間。過去を振り返り、戦略を練る。自分を大事にする。

27	土	ひみつの日 ▶ スタートの日　　　　　　　　　　　［ボイド ～12:07］ 新しいことを始めやすい時間に切り替わる。

28	日	◑スタートの日 主役の意識で動く。新しい選択肢を選べる。気持ちが切り替わる。

29	月	スタートの日 ▶ お金の日　　　　　　　　　　　［ボイド 18:47～23:52］ 物質面・経済活動が活性化する時間に入る。

30	火	お金の日 いわゆる「金運がいい」日。実入りが良く、いい買い物もできそう。

31	水	お金の日　　　　　　　　　　　　　　　　　　　［ボイド 23:55～］ いわゆる「金運がいい」日。実入りが良く、いい買い物もできそう。

6 ·JUNE·

1 木
<small>お金の日 ▶ メッセージの日</small> [ボイド 〜08:47]
「動き」が出てくる。コミュニケーションの活性。

2 金
<small>メッセージの日</small>
待っていた朗報が届く。勉強が捗る。外に出たくなる日。

3 土
<small>メッセージの日 ▶ 家の日</small> [ボイド 09:53〜14:05]
生活環境や身内に目が向かう。原点回帰。

4 日
<small>○家の日</small>
「普段の生活」が充実。身内との関係強化。環境改善ができる。
☽「家」のハウスで満月。居場所が「定まる」。身近な人との間で「心満ちる」とき。

5 月
<small>家の日 ▶ 愛の日</small> [ボイド 12:25〜16:33]
愛の追い風が吹く。好きなことができる。
◆金星が「ひみつ」のハウスへ。これ以降、純粋な愛情から行動できる。一人の時間の充実も。

6 火
<small>愛の日</small>
愛について嬉しいことがある。子育て、趣味、創作にも追い風が。

7 水
<small>愛の日 ▶ メンテナンスの日</small> [ボイド 13:41〜17:43]
「やりたいこと」から「やるべきこと」へのシフト。

8 木
<small>メンテナンスの日</small>
生活や心身の故障部分を修理できる。ケアしたり、されたり。

9 金
<small>メンテナンスの日 ▶ 人に会う日</small> [ボイド 13:25〜19:16]
「自分の世界」から「外界」へ出るような節目。

10 土
<small>人に会う日</small>
人に会ったり、会う約束をしたりする日。出会いの気配も。

11 日
<small>☽人に会う日 ▶ プレゼントの日</small> [ボイド 22:22〜22:22]
他者との関係に、さらに一歩踏み込めるように。
◆逆行中の冥王星が「愛」のハウスへ。2008年頃からの「愛と創造の再生」のプロセスを振り返る時間に。◆水星が「目標と結果」のハウスへ。ここから忙しくなる。新しい課題、ミッション、使命。

12 月
<small>プレゼントの日</small>
人から貴重なものを受け取れる。提案を受ける場面も。

13 火
<small>プレゼントの日</small>
人から貴重なものを受け取れる。提案を受ける場面も。

14 水
<small>プレゼントの日 ▶ 旅の日</small> [ボイド 03:28〜03:33]
遠い場所との間に、橋が架かり始める。

15 木
<small>旅の日</small>
遠出したり、遠くから人が訪ねてくれたりする日。発信力も増す。

16 金
<small>旅の日 ▶ 達成の日</small> [ボイド 10:38〜10:47]
意欲が湧く。はっきりした成果が出る時間へ。

17 土　達成の日
目標に手が届く。結果が出る日。人から認められる場面も。

18 日　●達成の日 ▶ 友だちの日　　　　　　　　[ボイド 15:26〜19:59]
肩の力が抜け、伸びやかな気持ちになれる。
◆土星が「他者」のハウスで逆行開始。人間関係において、張りつめていた糸がゆるみそう。☽「目標と結果」のハウスで新月。新しいミッションがスタートするとき。目的意識が定まる。

19 月　友だちの日
未来のプランを立てる。友だちと過ごせる。チームワーク。

20 火　友だちの日
未来のプランを立てる。友だちと過ごせる。チームワーク。

21 水　友だちの日 ▶ ひみつの日　　　　　　　　[ボイド 06:45〜07:06]
ざわめきから少し離れたくなる。自分の時間。
◆太陽が「夢と友」のハウスへ。1年のサイクルの中で「友」「未来」に目を向ける季節へ。

22 木　ひみつの日
一人の時間。過去を振り返り、戦略を練る。自分を大事にする。

23 金　ひみつの日 ▶ スタートの日　　　　　　　　[ボイド 02:02〜19:37]
新しいことを始めやすい時間に切り替わる。

24 土　スタートの日
主役の意識で動く。新しい選択肢を選べる。気持ちが切り替わる。

25 日　スタートの日
主役の意識で動く。新しい選択肢を選べる。気持ちが切り替わる。

26 月　◐スタートの日 ▶ お金の日　　　　　　　　[ボイド 07:26〜07:59]
物質面・経済活動が活性化する時間に入る。

27 火　お金の日
いわゆる「金運がいい」日。実入りが良く、いい買い物もできそう。
◆水星が「夢と友」のハウスへ。仲間に恵まれる爽やかな季節。友と夢を語れる。新しい計画。

28 水　お金の日 ▶ メッセージの日　　　　　　　　[ボイド 17:20〜17:57]
「動き」が出てくる。コミュニケーションの活性。

29 木　メッセージの日
待っていた朗報が届く。勉強が捗る。外に出たくなる日。

30 金　メッセージの日　　　　　　　　　　　　　　[ボイド 23:22〜]
待っていた朗報が届く。勉強が捗る。外に出たくなる日。

7 • JULY •

1	土	メッセージの日 ▶ 家の日 [ボイド 〜00:01] 生活環境や身内に目が向かう。原点回帰。 ◆海王星が「他者」のハウスで逆行開始。他者の複雑さの中に、自分の複雑さが見えてくる。
2	日	家の日 [ボイド 22:35〜] 「普段の生活」が充実。身内との関係強化。環境改善ができる。
3	月	○家の日 ▶ 愛の日 [ボイド 〜02:22] 愛の追い風が吹く。好きなことができる。 ◐「愛」のハウスで満月。愛が「満ちる」「実る」とき。クリエイティブな作品の完成。
4	火	愛の日 愛について嬉しいことがある。子育て、趣味、創作にも追い風が。
5	水	愛の日 ▶ メンテナンスの日 [ボイド 01:47〜02:32] 「やりたいこと」から「やるべきこと」へのシフト。
6	木	メンテナンスの日 [ボイド 22:43〜] 生活や心身の故障部分を修理できる。ケアしたり、されたり。
7	金	メンテナンスの日 ▶ 人に会う日 [ボイド 〜02:34] 「自分の世界」から「外界」へ出るような節目。
8	土	人に会う日 人に会ったり、会う約束をしたりする日。出会いの気配も。
9	日	人に会う日 ▶ プレゼントの日 [ボイド 03:24〜04:21] 他者との関係に、さらに一歩踏み込めるように。
10	月	◑プレゼントの日 人から貴重なものを受け取れる。提案を受ける場面も。 ◆火星が「自分」のハウスへ。熱い自己変革の季節へ。勝負、挑戦。自分から動きたくなる。
11	火	プレゼントの日 ▶ 旅の日 [ボイド 08:13〜08:57] 遠い場所との間に、橋が架かり始める。 ◆水星が「ひみつ」のハウスへ。思考が深まる。思索、瞑想、誰かのための勉強。記録の精査。
12	水	旅の日 遠出したり、遠くから人が訪ねてくれたりする日。発信力も増す。
13	木	旅の日 ▶ 達成の日 [ボイド 15:12〜16:28] 意欲が湧く。はっきりした成果が出る時間へ。
14	金	達成の日 目標に手が届く。結果が出る日。人から認められる場面も。
15	土	達成の日 [ボイド 21:37〜] 目標に手が届く。結果が出る日。人から認められる場面も。

16 日 達成の日 ▶ 友だちの日 [ボイド 〜02:15]
肩の力が抜け、伸びやかな気持ちになれる。

17 月 友だちの日
未来のプランを立てる。友だちと過ごせる。チームワーク。

18 火 ●友だちの日 ▶ ひみつの日 [ボイド 12:08〜13:41]
ざわめきから少し離れたくなる。自分の時間。
☽「夢と友」のハウスで新月。新しい仲間や友に出会えるとき。夢が生まれる。迷いが晴れる。

19 水 ひみつの日
一人の時間。過去を振り返り、戦略を練る。自分を大事にする。

20 木 ひみつの日 [ボイド 23:10〜]
一人の時間。過去を振り返り、戦略を練る。自分を大事にする。

21 金 ひみつの日 ▶ スタートの日 [ボイド 〜02:14]
新しいことを始めやすい時間に切り替わる。

22 土 スタートの日
主役の意識で動く。新しい選択肢を選べる。気持ちが切り替わる。

23 日 スタートの日 ▶ お金の日 [ボイド 13:08〜14:56]
物質面・経済活動が活性化する時間に入る。
◆金星が「ひみつ」のハウスで逆行開始。愛の純粋さや真の好意のあり方を掘り下げる。◆太陽が「ひみつ」のハウスへ。新しい1年を目前にしての、振り返りと準備の時期。

24 月 お金の日
いわゆる「金運がいい」日。実入りが良く、いい買い物もできそう。

25 火 お金の日
いわゆる「金運がいい」日。実入りが良く、いい買い物もできそう。

26 水 ◑お金の日 ▶ メッセージの日 [ボイド 00:07〜01:57]
「動き」が出てくる。コミュニケーションの活性。

27 木 メッセージの日
待っていた朗報が届く。勉強が捗る。外に出たくなる日。

28 金 メッセージの日 ▶ 家の日 [ボイド 07:38〜09:26]
生活環境や身内に目が向かう。原点回帰。

29 土 家の日
「普段の生活」が充実。身内との関係強化。環境改善ができる。
◆水星が「自分」のハウスへ。知的活動が活性化。若々しい気持ち、行動力。発言力の強化。

30 日 家の日 ▶ 愛の日 [ボイド 08:53〜12:46]
愛の追い風が吹く。好きなことができる。

31 月 愛の日
愛について嬉しいことがある。子育て、趣味、創作にも追い風が。

8 ·AUGUST·

1	火	愛の日 ▶ メンテナンスの日	[ボイド 11:14〜12:59]
		「やりたいこと」から「やるべきこと」へのシフト。	

| **2** | 水 | ○メンテナンスの日 生活や心身の故障部分を修理できる。ケアしたり、されたり。☽「任務」のハウスで満月。日々の努力や蓄積が「実る」。自他の体調のケアに留意。 | |

| **3** | 木 | メンテナンスの日 ▶ 人に会う日 | [ボイド 06:17〜12:07] |
| | | 「自分の世界」から「外界」へ出るような節目。 | |

| **4** | 金 | 人に会う日 人に会ったり、会う約束をしたりする日。出会いの気配も。 | |

| **5** | 土 | 人に会う日 ▶ プレゼントの日 | [ボイド 10:22〜12:21] |
| | | 他者との関係に、さらに一歩踏み込めるように。 | |

| **6** | 日 | プレゼントの日 人から貴重なものを受け取れる。提案を受ける場面も。 | |

| **7** | 月 | プレゼントの日 ▶ 旅の日 | [ボイド 13:14〜15:26] |
| | | 遠い場所との間に、橋が架かり始める。 | |

| **8** | 火 | ☽旅の日 遠出したり、遠くから人が訪ねてくれたりする日。発信力も増す。 | |

| **9** | 水 | 旅の日 ▶ 達成の日 | [ボイド 19:40〜22:07] |
| | | 意欲が湧く。はっきりした成果が出る時間へ。 | |

| **10** | 木 | 達成の日 目標に手が届く。結果が出る日。人から認められる場面も。 | |

| **11** | 金 | 達成の日 目標に手が届く。結果が出る日。人から認められる場面も。 | |

| **12** | 土 | 達成の日 ▶ 友だちの日 | [ボイド 02:29〜07:54] |
| | | 肩の力が抜け、伸びやかな気持ちになれる。 | |

| **13** | 日 | 友だちの日 未来のプランを立てる。友だちと過ごせる。チームワーク。 | |

| **14** | 月 | 友だちの日 ▶ ひみつの日 | [ボイド 16:48〜19:38] |
| | | ざわめきから少し離れたくなる。自分の時間。 | |

| **15** | 火 | ひみつの日 一人の時間。過去を振り返り、戦略を練る。自分を大事にする。 | |

| **16** | 水 | ●ひみつの日 一人の時間。過去を振り返り、戦略を練る。自分を大事にする。☽「ひみつ」のハウスで新月。密かな迷いから解放される。自他を救うための行動を起こす。 | [ボイド 18:40〜] |

| **17** | 木 | ひみつの日 ▶ スタートの日 | [ボイド 〜08:16] |
| | | 新しいことを始めやすい時間に切り替わる。 | |

18 金　スタートの日
主役の意識で動く。新しい選択肢を選べる。気持ちが切り替わる。

19 土　スタートの日 ▶ お金の日　　　　　　　　　　[ボイド 17:52〜20:55]
物質面・経済活動が活性化する時間に入る。

20 日　お金の日
いわゆる「金運がいい」日。実入りが良く、いい買い物もできそう。

21 月　お金の日
いわゆる「金運がいい」日。実入りが良く、いい買い物もできそう。

22 火　お金の日 ▶ メッセージの日　　　　　　　　[ボイド 05:33〜08:24]
「動き」が出てくる。コミュニケーションの活性。

23 水　メッセージの日
待っていた朗報が届く。勉強が捗る。外に出たくなる日。
◆太陽が「自分」のハウスへ。お誕生月の始まり、新しい1年への「扉」を開くとき。

24 木　●メッセージの日 ▶ 家の日　　　　　　　　[ボイド 14:12〜17:09]
生活環境や身内に目が向かう。原点回帰。
◆水星が「自分」のハウスで逆行開始。立ち止まって「自分」を理解し直す時間へ。

25 金　家の日
「普段の生活」が充実。身内との関係強化。環境改善ができる。

26 土　家の日 ▶ 愛の日　　　　　　　　　　　　　[ボイド 20:58〜22:07]
愛の追い風が吹く。好きなことができる。

27 日　愛の日
愛について嬉しいことがある。子育て、趣味、創作にも追い風が。
◆火星が「生産」のハウスへ。ほてりが収まって地に足がつく。経済的な「勝負」も。

28 月　愛の日 ▶ メンテナンスの日　　　　　　　　[ボイド 20:51〜23:33]
「やりたいこと」から「やるべきこと」へのシフト。

29 火　メンテナンスの日
生活や心身の故障部分を修理できる。ケアしたり、されたり。
◆天王星が「旅」のハウスで逆行開始。自由の意義を探究する時間へ。信念への自己批判。

30 水　メンテナンスの日 ▶ 人に会う日　　　　　　[ボイド 12:06〜22:58]
「自分の世界」から「外界」へ出るような節目。

31 木　○人に会う日
人に会ったり、会う約束をしたりする日。出会いの気配も。
）「他者」のハウスで満月。誰かとの一対一の関係が「満ちる」。交渉の成立、契約。

9 •SEPTEMBER•

1	金	人に会う日 ▶ プレゼントの日	［ボイド 19:37〜22:26］

他者との関係に、さらに一歩踏み込めるように。

2	土	プレゼントの日

人から貴重なものを受け取れる。提案を受ける場面も。

3	日	プレゼントの日	［ボイド 20:58〜］

人から貴重なものを受け取れる。提案を受ける場面も。

4	月	プレゼントの日 ▶ 旅の日	［ボイド 〜00:01］

遠い場所との間に、橋が架かり始める。
◆金星が「ひみつ」のハウスで順行へ。あたためている卵の中で、動きが感じられ始める。◆木星が「旅」のハウスで逆行開始。旅を遡っていく。ここまでの軌道を辿り直す。

5	火	旅の日

遠出したり、遠くから人が訪ねてくれたりする日。発信力も増す。

6	水	旅の日 ▶ 達成の日	［ボイド 01:48〜05:08］

意欲が湧く。はっきりした成果が出る時間へ。

7	木	❶ 達成の日

目標に手が届く。結果が出る日。人から認められる場面も。

8	金	達成の日 ▶ 友だちの日	［ボイド 07:23〜14:01］

肩の力が抜け、伸びやかな気持ちになれる。

9	土	友だちの日

未来のプランを立てる。友だちと過ごせる。チームワーク。

10	日	友だちの日	［ボイド 21:49〜］

未来のプランを立てる。友だちと過ごせる。チームワーク。

11	月	友だちの日 ▶ ひみつの日	［ボイド 〜01:38］

ざわめきから少し離れたくなる。自分の時間。

12	火	ひみつの日

一人の時間。過去を振り返り、戦略を練る。自分を大事にする。

13	水	ひみつの日 ▶ スタートの日	［ボイド 00:07〜14:20］

新しいことを始めやすい時間に切り替わる。

14	木	スタートの日

主役の意識で動く。新しい選択肢を選べる。気持ちが切り替わる。

15	金	● スタートの日	［ボイド 22:51〜］

主役の意識で動く。新しい選択肢を選べる。気持ちが切り替わる。
☽「自分」のハウスで新月。大切なことがスタートする節目。フレッシュな「切り替え」。

16	土	スタートの日 ▶ お金の日	［ボイド 〜02:46］

物質面・経済活動が活性化する時間に入る。
◆水星が「自分」のハウスで順行へ。不調や停滞感からの解放、始動。考えがまとまる。

17 日　お金の日
いわゆる「金運がいい」日。実入りが良く、いい買い物もできそう。

18 月　お金の日 ▶ メッセージの日　　　　　　　[ボイド 10:08〜14:00]
「動き」が出てくる。コミュニケーションの活性。

19 火　メッセージの日
待っていた朗報が届く。勉強が捗る。外に出たくなる日。

20 水　メッセージの日 ▶ 家の日　　　　　　　[ボイド 19:23〜23:08]
生活環境や身内に目が向かう。原点回帰。

21 木　家の日
「普段の生活」が充実。身内との関係強化。環境改善ができる。

22 金　家の日
「普段の生活」が充実。身内との関係強化。環境改善ができる。

23 土　◑家の日 ▶ 愛の日　　　　　　　　　[ボイド 04:33〜05:22]
愛の追い風が吹く。好きなことができる。
◆太陽が「生産」のハウスへ。1年のサイクルの中で「物質的・経済的土台」を整備する。

24 日　愛の日
愛について嬉しいことがある。子育て、趣味、創作にも追い風が。

25 月　愛の日 ▶ メンテナンスの日　　　　　[ボイド 05:07〜08:31]
「やりたいこと」から「やるべきこと」へのシフト。

26 火　メンテナンスの日　　　　　　　　　　　[ボイド 21:40〜]
生活や心身の故障部分を修理できる。ケアしたり、されたり。

27 水　メンテナンスの日 ▶ 人に会う日　　　　[ボイド 〜09:20]
「自分の世界」から「外界」へ出るような節目。

28 木　人に会う日
人に会ったり、会う約束をしたりする日。出会いの気配も。

29 金　○人に会う日 ▶ プレゼントの日　　　　[ボイド 05:59〜09:19]
他者との関係に、さらに一歩踏み込めるように。
☽「ギフト」のハウスで満月。人から「満を持して」手渡されるものがある。他者との融合。

30 土　プレゼントの日
人から貴重なものを受け取れる。提案を受ける場面も。

10 ·OCTOBER·

1	日	プレゼントの日 ▶ 旅の日　　　　　　　　　　　　[ボイド 06:51～10:20] 遠い場所との間に、橋が架かり始める。
2	月	旅の日 遠出したり、遠くから人が訪ねてくれたりする日。発信力も増す。
3	火	旅の日 ▶ 達成の日　　　　　　　　　　　　　[ボイド 10:21～14:05] 意欲が湧く。はっきりした成果が出る時間へ。
4	水	達成の日 目標に手が届く。結果が出る日。人から認められる場面も。
5	木	達成の日 ▶ 友だちの日　　　　　　　　　　　[ボイド 15:36～21:33] 肩の力が抜け、伸びやかな気持ちになれる。 ◆水星が「生産」のハウスへ。経済活動に知性を活かす。情報収集、経営戦略。在庫整理。
6	金	●友だちの日 未来のプランを立てる。友だちと過ごせる。チームワーク。
7	土	友だちの日 未来のプランを立てる。友だちと過ごせる。チームワーク。
8	日	友だちの日 ▶ ひみつの日　　　　　　　　　　[ボイド 04:13～08:26] ざわめきから少し離れたくなる。自分の時間。
9	月	ひみつの日 一人の時間。過去を振り返り、戦略を練る。自分を大事にする。 ◆金星が「自分」のハウスに。あなたの魅力が輝く季節の到来。愛に恵まれる楽しい日々へ。
10	火	ひみつの日 ▶ スタートの日　　　　　　　　　[ボイド 18:38～21:03] 新しいことを始めやすい時間に切り替わる。
11	水	スタートの日 主役の意識で動く。新しい選択肢を選べる。気持ちが切り替わる。 ◆冥王星が「愛」のハウスで順行へ。愛への欲望の泉が再び湧き始める。親和力の肯定。
12	木	スタートの日 主役の意識で動く。新しい選択肢を選べる。気持ちが切り替わる。 ◆火星が「コミュニケーション」のハウスに。熱いコミュニケーション、議論。向学心。外に出て動く日々へ。
13	金	スタートの日 ▶ お金の日　　　　　　　　　　[ボイド 05:12～09:24] 物質面・経済活動が活性化する時間に入る。
14	土	お金の日 いわゆる「金運がいい」日。実入りが良く、いい買い物もできそう。
15	日	●お金の日 ▶ メッセージの日　　　　　　　　[ボイド 16:03～20:06] 「動き」が出てくる。コミュニケーションの活性。 ☽「生産」のハウスで日食。経済的に、ドラマティックなスタートを切ることができそう。

16 月　メッセージの日
待っていた朗報が届く。勉強が捗る。外に出たくなる日。

17 火　メッセージの日
待っていた朗報が届く。勉強が捗る。外に出たくなる日。

18 水　メッセージの日 ▶ 家の日　　　　　[ボイド 00:45〜04:38]
生活環境や身内に目が向かう。原点回帰。

19 木　家の日
「普段の生活」が充実。身内との関係強化。環境改善ができる。

20 金　家の日 ▶ 愛の日　　　　　[ボイド 04:04〜10:56]
愛の追い風が吹く。好きなことができる。

21 土　愛の日
愛について嬉しいことがある。子育て、趣味、創作にも追い風が。

22 日　●愛の日 ▶ メンテナンスの日　　　　　[ボイド 15:02〜15:08]
「やりたいこと」から「やるべきこと」へのシフト。
◆水星が「コミュニケーション」のハウスへ。知的活動の活性化、コミュニケーションの進展。学習の好機。

23 月　メンテナンスの日
生活や心身の故障部分を修理できる。ケアしたり、されたり。

24 火　メンテナンスの日 ▶ 人に会う日　　　　　[ボイド 04:06〜17:35]
「自分の世界」から「外界」へ出るような節目。
◆太陽が「コミュニケーション」のハウスへ。1年のサイクルの中でコミュニケーションを繋ぎ直すとき。

25 水　人に会う日
人に会ったり、会う約束をしたりする日。出会いの気配も。

26 木　人に会う日 ▶ プレゼントの日　　　　　[ボイド 15:41〜19:03]
他者との関係に、さらに一歩踏み込めるように。

27 金　プレゼントの日
人から貴重なものを受け取れる。提案を受ける場面も。

28 土　プレゼントの日 ▶ 旅の日　　　　　[ボイド 17:21〜20:46]
遠い場所との間に、橋が架かり始める。

29 日　○旅の日
遠出したり、遠くから人が訪ねてくれたりする日。発信力も増す。
◗「旅」のハウスで月食。遠い場所に不思議な形で「ワープ」できるようなとき。思想の再生。

30 月　旅の日　　　　　[ボイド 20:37〜]
遠出したり、遠くから人が訪ねてくれたりする日。発信力も増す。

31 火　旅の日 ▶ 達成の日　　　　　[ボイド 〜00:09]
意欲が湧く。はっきりした成果が出る時間へ。

11 ·NOVEMBER·

1	水	達成の日	[ボイド 21:38〜]
		目標に手が届く。結果が出る日。人から認められる場面も。	

| 2 | 木 | 達成の日 ▶ 友だちの日 | [ボイド 〜06:32] |
| | | 肩の力が抜け、伸びやかな気持ちになれる。 | |

| 3 | 金 | 友だちの日 | |
| | | 未来のプランを立てる。友だちと過ごせる。チームワーク。 | |

4	土	友だちの日 ▶ ひみつの日	[ボイド 12:29〜16:23]
		ざわめきから少し離れたくなる。自分の時間。	
		◆土星が「他者」のハウスで順行へ。人と向き合う体勢を整える。人から学ぶ姿勢の強化。	

| 5 | 日 | ◑ひみつの日 | |
| | | 一人の時間。過去を振り返り、戦略を練る。自分を大事にする。 | |

| 6 | 月 | ひみつの日 | [ボイド 16:27〜] |
| | | 一人の時間。過去を振り返り、戦略を練る。自分を大事にする。 | |

| 7 | 火 | ひみつの日 ▶ スタートの日 | [ボイド 〜04:41] |
| | | 新しいことを始めやすい時間に切り替わる。 | |

8	水	スタートの日	
		主役の意識で動く。新しい選択肢を選べる。気持ちが切り替わる。	
		◆金星が「生産」のハウスへ。経済活動の活性化、上昇気流。物質的豊かさの開花。	

| 9 | 木 | スタートの日 ▶ お金の日 | [ボイド 13:57〜17:10] |
| | | 物質面・経済活動が活性化する時間に入る。 | |

10	金	お金の日	
		いわゆる「金運がいい」日。実入りが良く、いい買い物もできそう。	
		◆水星が「家」のハウスへ。来訪者。身近な人との対話。若々しい風が居場所に吹き込む。	

| 11 | 土 | お金の日 | |
| | | いわゆる「金運がいい」日。実入りが良く、いい買い物もできそう。 | |

| 12 | 日 | お金の日 ▶ メッセージの日 | [ボイド 00:07〜03:41] |
| | | 「動き」が出てくる。コミュニケーションの活性。 | |

13	月	●メッセージの日	
		待っていた朗報が届く。勉強が捗る。外に出たくなる日。	
		☾「コミュニケーション」のハウスで新月。新しいコミュニケーションが始まる。学び始める。朗報も。	

| 14 | 火 | メッセージの日 ▶ 家の日 | [ボイド 08:05〜11:25] |
| | | 生活環境や身内に目が向かう。原点回帰。 | |

| 15 | 水 | 家の日 | |
| | | 「普段の生活」が充実。身内との関係強化。環境改善ができる。 | |

16 木 家の日 ▶ 愛の日 ［ボイド 07:59〜16:43］
愛の追い風が吹く。好きなことができる。

17 金 愛の日
愛について嬉しいことがある。子育て、趣味、創作にも追い風が。

18 土 愛の日 ▶ メンテナンスの日 ［ボイド 17:29〜20:29］
「やりたいこと」から「やるべきこと」へのシフト。

19 日 メンテナンスの日
生活や心身の故障部分を修理できる。ケアしたり、されたり。

20 月 ◐メンテナンスの日 ▶ 人に会う日 ［ボイド 19:52〜23:31］
「自分の世界」から「外界」へ出るような節目。

21 火 人に会う日
人に会ったり、会う約束をしたりする日。出会いの気配も。

22 水 人に会う日
人に会ったり、会う約束をしたりする日。出会いの気配も。
◆太陽が「家」のハウスへ。1年のサイクルの中で「居場所・家・心」を整備し直すとき。

23 木 人に会う日 ▶ プレゼントの日 ［ボイド 00:11〜02:21］
他者との関係に、さらに一歩踏み込めるように。

24 金 プレゼントの日
人から貴重なものを受け取れる。提案を受ける場面も。
◆火星が「家」のハウスへ。居場所を「動かす」時期。環境変化、引越、家族との取り組み。

25 土 プレゼントの日 ▶ 旅の日 ［ボイド 02:42〜05:30］
遠い場所との間に、橋が架かり始める。

26 日 旅の日
遠出したり、遠くから人が訪ねてくれたりする日。発信力も増す。

27 月 ○旅の日 ▶ 達成の日 ［ボイド 06:53〜09:42］
意欲が湧く。はっきりした成果が出る時間へ。
☽「目標と結果」のハウスで満月。目標達成のとき。社会的立場が一段階上がるような節目。

28 火 達成の日
目標に手が届く。結果が出る日。人から認められる場面も。

29 水 達成の日 ▶ 友だちの日 ［ボイド 10:05〜15:55］
肩の力が抜け、伸びやかな気持ちになれる。

30 木 友だちの日
未来のプランを立てる。友だちと過ごせる。チームワーク。

12 ·DECEMBER·

1	金	友だちの日 [ボイド 22:08〜] 未来のプランを立てる。友だちと過ごせる。チームワーク。 ◆水星が「愛」のハウスへ。愛に関する学び、教育。若々しい創造性、遊び。知的創造。
2	土	友だちの日 ▶ ひみつの日 [ボイド 〜01:02] ざわめきから少し離れたくなる。自分の時間。
3	日	ひみつの日 一人の時間。過去を振り返り、戦略を練る。自分を大事にする。
4	月	ひみつの日 ▶ スタートの日 [ボイド 11:13〜12:52] 新しいことを始めやすい時間に切り替わる。
5	火	●スタートの日 主役の意識で動く。新しい選択肢を選べる。気持ちが切り替わる。 ◆金星が「コミュニケーション」のハウスへ。喜びある学び、対話、外出。言葉による優しさ、愛の伝達。
6	水	スタートの日 [ボイド 22:52〜] 主役の意識で動く。新しい選択肢を選べる。気持ちが切り替わる。 ◆海王星が「他者」のハウスで順行へ。信頼関係が前向きな進展へ。人を信じる気持ちの強化。
7	木	スタートの日 ▶ お金の日 [ボイド 〜01:36] 物質面・経済活動が活性化する時間に入る。
8	金	お金の日 いわゆる「金運がいい」日。実入りが良く、いい買い物もできそう。
9	土	お金の日 ▶ メッセージの日 [ボイド 10:07〜12:36] 「動き」が出てくる。コミュニケーションの活性。
10	日	メッセージの日 待っていた朗報が届く。勉強が捗る。外に出たくなる日。
11	月	メッセージの日 ▶ 家の日 [ボイド 17:59〜20:13] 生活環境や身内に目が向かう。原点回帰。
12	火	家の日 「普段の生活」が充実。身内との関係強化。環境改善ができる。
13	水	●家の日 「普段の生活」が充実。身内との関係強化。環境改善ができる。 ●「家」のハウスで新月。心の置き場所が新たに定まる。日常に新しい風が吹き込む。◆水星が「愛」のハウスで逆行開始。失われた愛や喜びが「復活」するかも。創造的熟成。
14	木	家の日 ▶ 愛の日 [ボイド 〜00:33] 愛の追い風が吹く。好きなことができる。
15	金	愛の日 愛について嬉しいことがある。子育て、趣味、創作にも追い風が。

16 土　愛の日 ▶ メンテナンスの日　　　　　　　　　　　　　　［ボイド 01:05〜02:58］
「やりたいこと」から「やるべきこと」へのシフト。

17 日　メンテナンスの日　　　　　　　　　　　　　　　　　　　［ボイド 21:05〜］
生活や心身の故障部分を修理できる。ケアしたり、されたり。

18 月　メンテナンスの日 ▶ 人に会う日　　　　　　　　　　　　［ボイド 〜05:00］
「自分の世界」から「外界」へ出るような節目。

19 火　人に会う日
人に会ったり、会う約束をしたりする日。出会いの気配も。

20 水　●人に会う日 ▶ プレゼントの日　　　　　　　　　　　　［ボイド 06:05〜07:48］
他者との関係に、さらに一歩踏み込めるように。

21 木　プレゼントの日
人から貴重なものを受け取れる。提案を受ける場面も。

22 金　プレゼントの日 ▶ 旅の日　　　　　　　　　　　　　　　［ボイド 11:49〜11:52］
遠い場所との間に、橋が架かり始める。
◆太陽が「愛」のハウスへ。1 年のサイクルの中で「愛・喜び・創造性」を再生するとき。

23 土　旅の日
遠出したり、遠くから人が訪ねてくれたりする日。発信力も増す。
◆逆行中の水星が「家」のハウスに。「帰るべき場所・守るべき場所」を確かめる時間へ。

24 日　旅の日 ▶ 達成の日　　　　　　　　　　　　　　　　　　［ボイド 15:41〜17:16］
意欲が湧く。はっきりした成果が出る時間へ。

25 月　達成の日
目標に手が届く。結果が出る日。人から認められる場面も。

26 火　達成の日　　　　　　　　　　　　　　　　　　　　　　　［ボイド 16:57〜］
目標に手が届く。結果が出る日。人から認められる場面も。

27 水　○達成の日 ▶ 友だちの日　　　　　　　　　　　　　　　［ボイド 〜00:17］
肩の力が抜け、伸びやかな気持ちになれる。
◗「夢と友」のハウスで満月。希望してきた条件が整う。友や仲間への働きかけが「実る」。

28 木　友だちの日
未来のプランを立てる。友だちと過ごせる。チームワーク。

29 金　友だちの日 ▶ ひみつの日　　　　　　　　　　　　　　　［ボイド 07:59〜09:25］
ざわめきから少し離れたくなる。自分の時間。

30 土　ひみつの日
一人の時間。過去を振り返り、戦略を練る。自分を大事にする。
◆金星が「家」のハウスへ。身近な人とのあたたかな交流。愛着。居場所を美しくする。

31 日　ひみつの日 ▶ スタートの日　　　　　　　　　　　　　　［ボイド 14:20〜20:55］
新しいことを始めやすい時間に切り替わる。
◆木星が「旅」のハウスで順行へ。冒険を再開できる。一時停止していた旅へのゴーサイン。

参考　カレンダー解説の文字・線の色

あなたの星座にとって星の動きがどんな意味を
持つか、わかりやすくカレンダーに書き込んで
みたのが、P.89からの「カレンダー解説」です。
色分けは厳密なものではありませんが、だいた
い以下のようなイメージで分けられています。

—— **赤色**
インパクトの強い出来事、意欲や情熱、
パワーが必要な場面。

—— 水色
ビジネスや勉強、コミュニケーションなど、
知的な活動に関すること。

—— **紺色**
重要なこと、長期的に大きな意味のある変化。
精神的な変化、健康や心のケアに関すること。

—— 緑色
居場所、家族に関すること。

—— **ピンク色**
愛や人間関係に関すること。嬉しいこと。

—— オレンジ色
経済活動、お金に関すること。

乙女座 2023年の
カレンダー解説

● 解説の文字・線の色のイメージは P.88 をご参照下さい ●

1 • JANUARY •

mon	tue	wed	thu	fri	sat	sun
						1
2	3	4	5	6	7	8
9	10	11	12	(13)	14	15
16	17	(18)	19	20	21	22
23	24	25	26	27	28	29
30	31					

1/13　仕事や対外的活動に関して、去年の10月末頃から滞っていたことがあれば、ここから前進に転じる。

1/18　ふわっと調子が上向きに。意欲が出てきて、楽しくなってくる。愛やクリエイティブな活動に関する悩みがこのあたりで解決に向かうかも。

1/27–2/20　素晴らしい愛の季節。パートナーシップ、公私の人間関係全般に愛が満ちる。愛を探している人は、この時期に出会いがあるかも。

2 • FEBRUARY •

mon	tue	wed	thu	fri	sat	sun
		1	2	3	4	5
6	7	8	9	10	11	12
13	14	15	16	17	18	19
(20)	21	22	23	24	25	26
27	28					

2/11–3/3　2022年8月末からの「チャレンジ」が、ここで大きく進展しそう。集中してミッションに取り組める。

2/20　素敵な出会いのタイミング。嬉しいことが起こりそう。

3 • MARCH •

mon	tue	wed	thu	fri	sat	sun
		1	2	3	4	5
6	⑦	8	9	10	11	12
13	14	15	16	⑰	18	19
20	21	22	㉓	24	㉕	26
27	28	29	30	31		

3/7 「一段階、大人の階段を上る」ような節目。他者に対する責任が重みを増す。時間をかけた骨太な人間関係が始まる。

3/17 ここから6月半ばにかけて、新しい学びのテーマに出会えそう。特別な場所に遠出する人も。重要な「遠征」。

3/23 周囲の人々との協力関係や役割分担に、これ以降、根源的な変化が起こり始めるかも。

3/25 2022年8月下旬からの一連の「勝負・挑戦」が、ここまでに一段落する。

4 • APRIL •

mon	tue	wed	thu	fri	sat	sun
					1	2
3	4	5	⑥	7	8	9
10	11	12	13	14	15	16
17	18	19	20	21	22	23
24	25	26	27	28	29	30

4/6 経済活動に力強い進展が起こる。お金に関する悩みが突然解決するかも。

4/21–5/15 先を急がず、じっくり腰を据えて物事に取り組みたい時。遠くから懐かしいメッセージが届く気配も。

5 · MAY ·

mon	tue	wed	thu	fri	sat	sun
1	2	3	4	5	⑥	7
8	9	10	11	12	13	14
15	16	⑰	18	19	20	21
22	23	24	25	26	27	28
29	30	31				

5/6 特別な朗報が飛び込んでくるかも。学んできたことが実を結ぶ。コミュニケーションにおける一定の成果が出る時。

5/7–5/21 仲間や身内に恵まれる。人に囲まれる喜びを感じられる時。

5/17 ここから「冒険と学びの季節」が始まる。より自由になるための冒険、学び。約1年をかけた成長期。

6 · JUNE ·

mon	tue	wed	thu	fri	sat	sun
			1	2	3	④
5	6	7	8	9	10	11
12	13	14	15	16	17	⑱
19	20	21	22	23	24	25
26	27	28	29	30		

6/4 身近な人との関係において、心が強く結ばれる時。居場所に「根を下ろす」ような手応えを感じられる。

6/11–6/27 去年の夏から今年の3月頭に起こったことについて、ここで整理・検証・捉え直しができる。やり残したことをやりきる。成し遂げたことを次につなげていく。

6/18 新しいミッションがスタートしそう。ステップアップの時。

7 ·JULY·

mon	tue	wed	thu	fri	sat	sun
					1	2
③	4	5	6	7	8	9
10	11	12	13	14	15	16
17	18	19	20	21	22	23
24	25	26	27	28	29	30
31						

7/3 「愛が満ちる」タイミング。雄大な追い風を感じられる。とても嬉しいことが起こりそう。

7/10–8/27 勝負と変革の季節。自分自身と闘うことになるかも。自ら手を挙げて周囲を巻き込み、一大チャレンジができる。

7/29–10/5 原点回帰の時。今の自分に合った条件を整えられる。自分らしさを再構築できる。

8 ·AUGUST·

mon	tue	wed	thu	fri	sat	sun
	1	2	3	4	5	6
7	8	9	10	11	12	13
14	15	16	17	18	19	20
21	22	23	㉔	25	26	27
28	29	30	㉛			

8/24–9/16 スピードダウン。一度立ち止まって、振り返ったり、足元を見つめたりする人も。休養を取るにもいい時期。

8/31 人間関係が大きく進展しそう。交渉や相談の着地点。大切な約束を交わす人も。

9 · SEPTEMBER ·

mon	tue	wed	thu	fri	sat	sun
				1	2	3
④	5	6	7	8	9	10
11	12	13	14	⑮	⑯	17
18	19	20	21	22	23	24
25	26	27	28	29	30	

9/4 世間的な正しさから、自分自身の価値観へと、軸足を引き戻せる時。心の声を聴いて。

9/15・16 大切なスタートの時間帯。立ち止まっていた状態から、前進に転じる。

10 · OCTOBER ·

mon	tue	wed	thu	fri	sat	sun
						1
2	3	4	5	6	7	8
9	10	11	⑫	13	14	⑮
16	17	18	19	20	21	22
23	24	25	26	27	28	㉙
30	31					

10/12–11/24 アクティブに動ける、フットワーク勝負の季節。学びやコミュニケーションにも勢いが出る。

10/15 新しい経済活動がスタートする。欲しいものを手に入れるために動き出せる。

10/9–11/8 愛と喜びの季節。少し怠けても大丈夫。自分に優しく、甘くしたい時。

10/29 遠くから突然、不思議な朗報が届くかも。驚きの大チャンスが巡ってくる気配も。

11 • NOVEMBER •

mon	tue	wed	thu	fri	sat	sun
		1	2	3	4	5
6	7	8	9	10	11	12
13	14	15	16	17	18	19
20	21	22	23	24	25	26
㉗	28	29	30			

11/8–12/5 経済活動に強い追い風が吹く。「金運がいい」時期。

11/24–2024/1/23 「居場所が動く」時。引っ越しや家族構成の変化などが起こりやすい。

11/27 目標達成の時。2022年から目指してきたものに、ここで手が届くかも。

12 • DECEMBER •

mon	tue	wed	thu	fri	sat	sun
				①	2	3
4	5	6	7	8	9	10
11	12	13	14	15	16	17
18	19	20	21	22	23	24
25	26	㉗	28	29	30	31

12/1–2024/2/17 自分の好きなことを深く探究できる。「産みの苦しみ」を経て大きなものを創造できる。愛のコミュニケーションに粘り強く取り組み、大きな結果を出せる。

12/27 とても嬉しいことが起こりそう。希望が膨らむ。人に恵まれる時。

2023年のプチ占い（天秤座〜魚座）

天秤座（9/24-10/23生まれ）
「出会いの時間」が5月まで続く。公私ともに素敵な出会い・関わりに恵まれる。パートナーを得る人も。6月から10月上旬は交友関係に愛が満ちる。視野が広がり、より大きな場に立つことになる年。

蠍座（10/24-11/22生まれ）
特別な「縁」が結ばれる年。不思議な経緯、意外な展開で、公私ともに新しい関わりが増えていく。6月から10月上旬、キラキラのチャンスが巡ってきそう。嬉しい役割を得て、楽しく活躍できる年。

射手座（11/23-12/21生まれ）
年の前半は「愛と創造の時間」の中にある。誰かとの真剣勝負に挑んでいる人も。年の半ばを境に、「役割を作る」時間に入る。新たな任務を得ることになりそう。心身の調子が上向く。楽しい冒険旅行も。

山羊座（12/22-1/20生まれ）
「居場所を作る」時間が5月まで続く。新たな住処を得る人、家族を得る人も。5月以降は「愛と創造の時間」へ。自分自身を解放するような、大きな喜びを味わえそう。経済的にも上昇気流が生じる。

水瓶座（1/21-2/19生まれ）
2020年頃からのプレッシャーから解放される。孤独感が和らぎ、日々を楽しむ余裕を持てる。5月以降は素晴らしい愛と創造の時間へ。人を愛することの喜び、何かを生み出すことの喜びに満ちる。

魚座（2/20-3/20生まれ）
強い意志をもって行動できる年。時間をかけてやり遂げたいこと、大きなテーマに出会う。経済的に強い追い風が吹く。年の半ば以降、素晴らしいコミュニケーションが生まれる。自由な学びの年。

（※牡羊座〜乙女座はP.30）

HOSHIORI

星のサイクル
冥王星

✿ 冥王星のサイクル

　2023年3月、冥王星が山羊座から水瓶座へと移動を開始します。この後も逆行・順行を繰り返しながら進むため、完全に移動が完了するのは2024年ですが、この3月から既に「水瓶座冥王星時代」に第一歩を踏み出すことになります。冥王星が山羊座入りしたのは2008年、それ以来の時間が、新しい時間へと移り変わってゆくのです。冥王星は根源的な変容、破壊と再生、隠された富、深い欲望などを象徴する星です。2008年はリーマン・ショックで世界が震撼した年でしたが、2023年から2024年もまた、時代の節目となるような象徴的な出来事が起こるのかもしれません。この星が星座から星座へと移動する時、私たちの人生にはどんな変化が感じられるでしょうか。次のページでは冥王星のサイクルを年表で表現し、続くページで各時代があなたの星座にとってどんな意味を持つか、少し詳しく説明しました。そしてさらに肝心の、2023年からの「水瓶座冥王星時代」があなたにとってどんな時間になるか、考えてみたいと思います。

冥王星のサイクル年表 (詳しくは次のページへ)

時　期	乙女座のあなたにとってのテーマ
1912年 - 1939年	友情、社会的生活の再発見
1937年 - 1958年	内面化された規範意識との対決
1956年 - 1972年	キャラクターの再構築
1971年 - 1984年	経済力、価値観、欲望の根本的再生
1983年 - 1995年	コミュニケーションの「迷路」を抜けてゆく
1995年 - 2008年	精神の最深部への下降、子供だった自分との再会
2008年 - 2024年	愛や創造的活動を通して、「もう一人の自分」に出会う
2023年 - 2044年	「生活」の根源的ニーズを発見する
2043年 - 2068年	他者との出会いにより、人生が変わる
2066年 - 2097年	他者の人生と自分の人生の結節点・融合点
2095年 - 2129年	「外部」への出口を探し当てる
2127年 - 2159年	人生全体を賭けられる目標を探す

※時期について／冥王星は順行・逆行を繰り返すため、星座の境界線を何度か往復してから移動を完了する。上記の表で、開始時は最初の移動のタイミング、終了時は移動完了のタイミング。

◆ 1912-1939年 友情、社会的生活の再発見

友達や仲間との関わり、「他者」の集団に身を置くことで自分を変えたい、という強い欲求が生まれます。自分を変えてくれるものこそはこれから出会う新たな友人である、というイメージが心を支配します。この広い世界と自分とをどのように結びつけ、居場所を得るかという大問題に立ち向かえる時です。

◆ 1937-1958年 内面化された規範意識との対決

自分の中で否定してきたこと、隠蔽してきたこと、背を向けてきたことの全てが、生活の水面上に浮かび上がる時です。たとえば何かが非常に気になったり、あるものを毛嫌いしたりする時、そこには自分の「内なるもの」がありありと映し出されています。精神の解放への扉を、そこに見いだせます。

◆ 1956-1972年 キャラクターの再構築

「自分はこういう人間だ」「自分のキャラクターはこれだ」というイメージが根源的に変容する時期です。まず、自分でもコントロールできないような大きな衝動に突き動かされ、「自分らしくないこと」の方向に向かい、その結果、過去の自分のイメージが消え去って、新たなセルフイメージが芽生えます。

◆ 1971-1984年 経済力、価値観、欲望の根本的再生

乗り物もない遠方で、突然自分の手では運べないほどの宝物を贈られたら、どうすればいいでしょうか。たとえばそんな課題から変容のプロセスがスタートします。強烈な欲望の体験、膨大な富との接触、その他様々な「所有・獲得」の激しい体験を通して、欲望や価値観自体が根源的に変化する時です。

◈ 1983-1995年　コミュニケーションの「迷路」を抜けてゆく

これまで疑問を感じなかったことに、いちいち「?」が浮かぶようになります。「そういうものなのだ」と思い込んでいたことへの疑念が生活の随所に浮上します。そこから思考が深まり、言葉が深みを増し、コミュニケーションが迷路に入り込みます。この迷路を抜けたところに、知的変容が完成します。

◈ 1995-2008年　精神の最深部への下降、子供だった自分との再会

不意に子供の頃の思い出と感情がよみがえり、その思いに飲み込まれるような状態になりやすい時です。心の階段を一段一段降りてゆき、より深い精神的世界へと触れることになります。この体験を通して、現代の家庭生活や人間関係、日常の風景が大きく変化します。「心」が根源的変容を遂げる時です。

◈ 2008-2024年　愛や創造的活動を通して、「もう一人の自分」に出会う

圧倒的な愛情が生活全体を飲み込む時です。恋愛、子供への愛、そのほかの存在への愛が、一時的に人生の「すべて」となることもあります。この没入、陶酔、のめり込みの体験を通して、人生が大きく変化します。個人としての感情を狂おしいほど生きられる時間です。創造的な活動を通して財を築く人も。

◈ 2023-2044年　「生活」の根源的ニーズを発見する

物理的な「身体」、身体の一部としての精神状態、現実的な「暮らし」が、根源的な変容のプロセスに入る時です。常識や社会のルール、責任や義務などへの眼差しが変化します。たとえば過酷な勤務とそこからの離脱を通して、「人生で最も大事にすべきもの」がわかる、といった経験をする人も。

◆ 2043-2068年　他者との出会いにより、人生が変わる

一対一の人間関係において、火山の噴火のような出来事が起こる時です。人間の内側に秘められたエネルギーが他者との関わりをきっかけとして噴出し、お互いにそれをぶつけ合うような状況が生じることも。その結果、人間として見違えるような変容を遂げることになります。人生を変える出会いの時間です。

◆ 2066-2097年　他者の人生と自分の人生の結節点・融合点

誰の人生も、自分だけの中に閉じた形で完結していません。他者の人生となんらかの形で融け合い、混じり合い、深く影響を与え合っています。時には境目が曖昧になり、ほとんど一体化することもあります。この時期はそうした「他者の人生との連結・融合」という、特別なプロセスが展開します。

◆ 2095-2129年　「外部」への出口を探し当てる

「人間はどこから来て、どこに行くのだろう」「宇宙の果てには、何があるのだろう」「死んだ後は、どうなるのだろう」。たとえばそんな問いを、誰もが一度くらいは考えたことがあるはずです。この時期はそうした問いに、深く突っ込んでいくことになります。宗教や哲学などを通して、人生が変わる時です。

◆ 2127-2159年　人生全体を賭けられる目標を探す

人生において最も大きな山を登る時間です。この社会において自分が持てる最大の力とはどんなものかを、徹底的に追求することになります。社会的成功への野心に、強烈に突き動かされます。「これこそが人生の成功だ」と信じられるイメージが、この時期の体験を通して根本的に変わります。

◆◇○○◆◇○○◆◇○○◆◇○○◆◇○○◆◇○○◆◇○○◆◇○○◆◇○○◆◇○○◆◇○○◆

〜2023年からのあなたの「冥王星時代」〜
「生活」の根源的ニーズを発見する

　2008年頃から今に至るまで「愛する対象」が増え、それら「愛するもの」との関わりを通して人生が大きく変わったのではないでしょうか。たとえば恋人を得たり、子供を持ったり、ペットを飼ったり、心から打ち込める趣味に出会ったり、「ライフワーク」を確立したりする中で、新しい自分、人生の新たな意味を見出した人が少なくないはずです。その体験は決して平坦で穏やかなものではなく、愛するものに振り回されたり、ほとんど「支配」されたり、身動きが取れなくなったり、他者と傷つけ合うような事態に発展したりしたこともあったかもしれませんが、そうした深い愛の森を2023年頃までには抜け出しているはずです。この愛の森を行く体験の中で、「愛」という言葉の意味が一変した人もいるだろうと思います。

　2023年以降、あなたの心を占めるのは「他者からのニーズ」かもしれません。これまでのあなたは自分から何かを深く強く愛することに注力していたのですが、ここからは「必要とされること」へと情熱の軸がシフ

◆◇○○◆◇○○◆◇○○◆◇○○◆◇○○◆◇○○◆◇○○◆◇○○◆◇○○◆◇○○◆◇○○◆

トするのです。誰かの役に立つこと、人のニーズに応えること、信頼され、頼られることへの「欲」が強まります。この「欲」のために、ワーカホリックになったり、人のために犠牲を払い、ガマンをしすぎて、心身のコンディションを大きく崩すような事態に陥ることもあるかもしれません。この体験を通して、自分を大切にすること、自分自身を許すこと、義務や責任を絶対的なものとして考えないこと、など、生活を基礎づける価値観を学べます。対応力が鍛えられ、「変化に対する強さ」を獲得できます。

　生活や職場における「役割」は、選択可能なようでも実際は「自然に決まってしまう」部分が大きいものです。義務を果たし、社会的なルールを守っている人は「きちんとした人」と評価されますが、このように「外部から与えられたもの」を無抵抗に受け止め続けていると、いつか「自己」が破綻するケースは少なくありません。「自己」と、与えられた役割やルールとをどのように折り合わせるか、そのことをかなりドラスティックな体験を通して、深く学ぶことができる時です。自他をケアすることの本質が身につきます。

12星座プロフィール

VIRGO

乙女座のプロフィール
分析の星座

I analyze.

◤ キャラクター ◢

◆分析の星座

　乙女座の人々は、優れた感受性に恵まれています。この「感受性」は、主に二つの意味を含んでいます。一つは、聴覚や味覚など、身体に備わっている「五感」です。そしてもう一つは、物事の変化や世界の多様さに対する、精神的、知的感受性です。乙女座の人々はその身体性を通して世界からあらゆるシグナルをキャッチし、キャッチしたものたちに名前や概念を与えて、それを整理することができるのです。

◆真面目さと、ユーモアと

　非常に几帳面で、真面目で、責任感が強く、規範意識が高い人の多い星座です。いわゆる「優等生」的なキャラクターも多く見られます。コンサバティブで、折り目正しく、細部にこだわり、清潔感があって、神経質さも見られます。

　ですがその一方で、人が驚くほどユニークな面を見せることがあります。ブラックユーモアを好んだり、非常にキ

106

ッチュなものを集めたりします。誰も見向きもしないようなおかしなものを「かわいい」と喜んだりする人も少なくありません。乙女座の人々のユーモアセンスはかなり特異なものですが、人を不思議なくらい惹きつけます。

◈ **化学反応と変容**

　乙女座の人々は、人でも植物でも物事でも、「成長させる」「教育する」「育てる」ことが得意です。物事に内在する可能性やポテンシャルをうまく引き出す力を持っているのです。自分自身ももちろん、素晴らしい成長を遂げますが、周囲の人々を導いて育てることが得意なのです。植物を育てるには、ただ水や肥料を与えまくればいいというものではありません。植物の種類によって育て方は異なりますし、手出しをせずにただ見守る時間も必要です。人を育てる上でも、このことは大いに当てはまります。乙女座の人々の感受性は、相手が何を必要として、どう変わりつつあるのかを、正確にキャッチします。そして、その働き者の手と心で、必要な養分を適切に与えるのです。

◈ **クリエイティブな手**

　乙女座には、手芸やアートを得意とする人が多いようです。素材や画材等の中に潜む本質を探り当て、それにふさ

わしい変容を実現するのが、乙女座の人の創造性です。純粋な自己表現を求めるよりは、人を喜ばせたり、人のニーズに応えたりすることに喜びを感じる傾向があります。「ひとりよがり」は、乙女座の人の最も嫌うことなのです。「今そこにあるものを、誰かのために、変化させる」のが、乙女座の人の手に備わっている魔法です。

◆ 優れた実務者

　乙女座の人々は、現実を鋭く捉え、あくまで現実的に対応する力を持っています。人の役に立つことが好きで、頭も身体も休ませない働き者です。他の人が難しさのあまり放棄したタスクも、すらりと整理して楽々とこなしてしまいます。心のこもった仕事は、誰からも大いに信頼されます。

　乙女座の人々はリアリストです。ですがその一方で、骨の髄からのロマンティストでもあります。この二面性は人生の随所で、乙女座の人を助けもし、迷わせることもあります。

◆ 他者との繋がり

　乙女座の人は、人の心や意思も、とても細やかに感じ取ります。ゆえに、人からの影響を受けやすいところがあり

ます。また、人生の分岐点で迷ったとき、自分で決められ
ずに、身近な人に決めてもらおうとする場合もあるようで
す。人生の途中で、他人に自分の人生を「任せて」しまお
うとする人もいます。生来の責任感と実務感覚からすると、
このような依存的な態度が生まれるのは不思議なことです
が、おそらく、感受性の鋭さと想像力の大きさが結びつく
と、余計な情報に基づく不安ばかりが増大してしまい、「抱
えきれなくなってしまう」のかもしれません。

支配星・神話

◆ 水星と、デメテル

　乙女座を支配する星は水星で、守護神はケレス、ギリシャ神話で言うところのデメテルです。水星は知性と感受性の星であり、ケレスは大地の女神、豊穣と穀物の神で、まさに乙女座が知性と生産性の星座であることをダイレクトに表しています。

◆ デメテルとペルセフォネ

　乙女座の「乙女」が誰なのかは諸説ありますが、上記のデメテルの娘、ペルセフォネはその有力候補です。ある日花を摘みに出かけたペルセフォネは、冥界の神プルートーに見初められ、妃にすべく連れ去られました。驚いた母デ

メテルは娘を捜し回り、田畑を実らせる仕事をすべて放棄したため、世界は不毛の地となってしまいました。そこで大神ゼウスが仲裁に入り、ペルセフォネは1年のうち4カ月は冥界の女王として過ごし、残りは地上で、母とともに暮らすことになりました。冥界と地上を行き来する「乙女」のイメージは、乙女座の人の生真面目さとユニークさの共存を、よく映し出しているようにも思われます。

乙女座の才能

　多才な人、多趣味な人が多い星座です。いろいろなことに興味を持ち、マジメに練習して取り組むため、たくさんの特技が身につくのです。ダンスや音楽などはもちろん、「身体を鍛える」こと自体に特別な喜びを見出す人もいます。健康や「身体を作る」こと自体にとても詳しくなります。自分自身だけでなく、周囲の人をケアし、サポートし、時には管理することも上手です。時間の管理、作業管理、リソースの管理などをさせたら、乙女座の右に出る星座はありません。さらには、植物を育てたり、野菜や果物を実らせたりするのに長けた人もいます。「緑の指」の持ち主です。夢見る力に恵まれていて、一大ファンタジーワールドを頭の中で建設してしまう人も少なくありません。

牡羊座　はじまりの星座

I am.

素敵なところ

裏表がなく純粋で、自他を比較しません。明るく前向きで、正義感が強く、諍（いさか）いのあともさっぱりしています。欲しいものを欲しいと言える勇気、自己主張する勇気、誤りを認める勇気の持ち主です。

キーワード

勢い／勝負／果断／負けず嫌い／せっかち／能動的／スポーツ／ヒーロー・ヒロイン／華やかさ／アウトドア／草原／野生／丘陵／動物愛／議論好き／肯定的／帽子・頭部を飾るもの／スピード／赤

牡牛座　五感の星座

I have.

素敵なところ

感情が安定していて、態度に一貫性があります。知識や経験をたゆまずゆっくり、たくさん身につけます。穏やかでも不思議な存在感があり、周囲の人を安心させます。美意識が際立っています。

キーワード

感覚／色彩／快さ／リズム／マイペース／芸術／暢気（のんき）／贅沢／コレクション／一貫性／素直さと頑固さ／価値あるもの／美声・歌／料理／庭造り／変化を嫌う／積み重ね／エレガント／レモン色／白

双子座　知と言葉の星座

I think.

素敵なところ

イマジネーション能力が高く、言葉と物語を愛するユニークな人々です。フットワークが良く、センサーが敏感で、いくつになっても若々しく見えます。場の空気・状況を変える力を持っています。

キーワード

言葉／コミュニケーション／取引・ビジネス／相対性／比較／関連づけ／物語／比喩／移動／旅／ジャーナリズム／靴／天使・翼／小鳥／桜色／桃色／空色／文庫本／文房具／手紙

蟹座　感情の星座　　　　　　　　　　I feel.

素敵なところ

心優しく、共感力が強く、人の世話をするときに手間を惜しみません。行動力に富み、人にあまり相談せずに大胆なアクションを起こすことがありますが、「聞けばちゃんと応えてくれる」人々です。

キーワード

感情／変化／月／守護・保護／日常生活／行動力／共感／安心／繰り返すこと／拒否／生活力／フルーツ／アーモンド／巣穴／胸部、乳房／乳白色／銀色／真珠

獅子座　意思の星座　　　　　　　　　I will.

素敵なところ

太陽のように肯定的で、安定感があります。深い自信を持っており、側にいる人を安心させることができます。人を頷かせる力、一目置かせる力、パワー感を持っています。内面には非常に繊細な部分も。

キーワード

強さ／クールさ／肯定的／安定感／ゴールド／背中／自己表現／演技／芸術／暖炉／広場／人の集まる賑やかな場所／劇場・舞台／お城／愛／子供／緋色／パープル／緑

乙女座　分析の星座　　　　　　　　　I analyze.

素敵なところ

一見クールに見えるのですが、とても優しく世話好きな人々です。他者に対する観察眼が鋭く、シャープな批評を口にしますが、その相手の変化や成長を心から喜べる、「教育者」の顔を持っています。

キーワード

感受性の鋭さ／「気が利く」人／世話好き／働き者／デザイン／コンサバティブ／胃腸／神経質／分析／調合／変化／回復の早さ／迷いやすさ／研究家／清潔／ブルーブラック／空色／桃色

天秤座　関わりの星座

I balance.

素敵なところ

高い知性に恵まれると同時に、人に対する深い愛を抱いています。視野が広く、客観性を重視し、細やかな気遣いができます。内側には熱い情熱を秘めていて、個性的なこだわりや競争心が強い面も。

キーワード

人間関係／客観視／合理性／比較対象／美／吟味／審美眼／評価／選択／平和／交渉／結婚（いさか）／諍い／調停／パートナーシップ／契約／洗練／豪奢／黒／芥子色（からし）／深紅色／水色／薄い緑色／ベージュ

蠍座　情熱の星座

I desire.

素敵なところ

意志が強く、感情に一貫性があり、愛情深い人々です。一度愛したものはずっと長く愛し続けることができます。信頼に足る、芯の強さを持つ人です。粘り強く努力し、不可能を可能に変えます。

キーワード

融け合う心／継承／遺伝／魅力／支配／提供／共有／非常に古い記憶／放出／流動／隠されたもの／湖沼／果樹園／庭／葡萄酒／琥珀／茶色／濃い赤／カギつきの箱／ギフト

射手座　冒険の星座

I understand.

素敵なところ

冒険心に富む、オープンマインドの人々です。自他に対してごく肯定的で、恐れを知らぬ勇気と明るさで周囲を照らし出します。自分の信じるものに向かってまっすぐに生きる強さを持っています。

キーワード

冒険／挑戦／賭け／負けず嫌い／馬や牛など大きな動物／遠い外国／語学／宗教／理想／哲学／おおらかさ／自由／普遍性／スピードの出る乗り物／船／黄色／緑色／ターコイズブルー／グレー

山羊座　実現の星座

I use.

素敵なところ

夢を現実に変えることのできる人々です。自分個人の世界だけに収まる小さな夢ではなく、世の中を変えるような、大きな夢を叶えることができる力を持っています。優しく力強く、芸術的な人です。

キーワード

城を築く／行動力／実現／責任感／守備／権力／支配者／組織／芸術／伝統／骨董品／彫刻／寺院／華やかな色彩／ゴージャス／大きな楽器／黒／焦げ茶色／薄い茜色／深緑

水瓶座　思考と自由の星座

I know.

素敵なところ

自分の頭でゼロから考えようとする、澄んだ思考の持ち主です。友情に篤く、損得抜きで人と関わろうとする、静かな情熱を秘めています。ユニークなアイデアを実行に移すときは無二の輝きを放ちます。

キーワード

自由／友情／公平・平等／時代の流れ／流行／メカニズム／合理性／ユニセックス／神秘的／宇宙／飛行機／通信技術／電気／メタリック／スカイブルー／チェック、ストライプ

魚座　透明な心の星座

I believe.

素敵なところ

人と人とを分ける境界線を、自由自在に越えていく不思議な力の持ち主です。人の心にするりと入り込み、相手を支え慰めることができます。場や世界を包み込むような大きな心を持っています。

キーワード

変容／変身／愛／海／救済／犠牲／崇高／聖なるもの／無制限／変幻自在／天衣無縫／幻想／瞑想／蠱惑／エキゾチック／ミステリアス／シースルー／黎明／白／ターコイズブルー／マリンブルー

用語解説

星の逆行

　星占いで用いる星々のうち、太陽と月以外の惑星と冥王星は、しばしば「逆行」します。これは、星が実際に軌道を逆走するのではなく、あくまで「地球からそう見える」ということです。

　たとえば同じ方向に向かう特急電車が普通電車を追い抜くとき、相手が後退しているように見えます。「星の逆行」は、この現象に似ています。地球も他の惑星と同様、太陽のまわりをぐるぐる回っています。ゆえに一方がもう一方を追い抜くとき、あるいは太陽の向こう側に回ったときに、相手が「逆走している」ように見えるのです。

　星占いの世界では、星が逆行するとき、その星の担うテーマにおいて停滞や混乱、イレギュラーなことが起こる、と解釈されることが一般的です。ただし、この「イレギュラー」は「不運・望ましくない展開」なのかというと、そうではありません。

　私たちは自分なりの推測や想像に基づいて未来の計画を立て、無意識に期待し、「次に起こること」を待ち受けます。その「待ち受けている」場所に思い通りのボールが飛んでこなかったとき、苛立ちや焦り、不安などを感じます。でも、そのこと自体が「悪いこと」かというと、決してそうではないはずです。なぜなら、人間の推測や想像には、限界があるか

らです。推測通りにならないことと、「不運」はまったく別のことです。

　星の逆行時は、私たちの推測や計画と、実際に巡ってくる未来とが「噛み合いにくい」ときと言えます。ゆえに、現実に起こる出来事全体が、言わば「ガイド役・導き手」となります。目の前に起こる出来事に導いてもらうような形で先に進み、いつしか、自分の想像力では辿り着けなかった場所に「つれていってもらえる」わけです。

　水星の逆行は年に三度ほど、一回につき3週間程度で起こります。金星は約1年半ごと、火星は2年に一度ほど、他の星は毎年太陽の反対側に回る数ヵ月、それぞれ逆行します。

　たとえば水星逆行時は、以下のようなことが言われます。

◆ 失せ物が出てくる／この時期なくしたものはあとで出てくる
◆ 旧友と再会できる
◆ 交通、コミュニケーションが混乱する
◆ 予定の変更、物事の停滞、遅延、やり直しが発生する

　これらは「悪いこと」ではなく、無意識に通り過ぎてしまった場所に忘れ物を取りに行くような、あるいは、トンネルを通って山の向こうへ出るような動きです。掛け違えたボタンを外してはめ直すようなことができる時間なのです。

ボイドタイム―月のボイド・オブ・コース

　ボイドタイムとは、正式には「月のボイド・オブ・コース」となります。実は、月以外の星にもボイドはあるのですが、月のボイドタイムは3日に一度という頻度で巡ってくるので、最も親しみやすい（？）時間と言えます。ボイドタイムの定義は「その星が今いる星座を出るまで、他の星とアスペクト（特別な角度）を結ばない時間帯」です。詳しくは占星術の教科書などをあたってみて下さい。

　月のボイドタイムには、一般に、以下のようなことが言われています。

　◆ 予定していたことが起こらない／想定外のことが起こる
　◆ ボイドタイムに着手したことは無効になる
　◆ 期待通りの結果にならない
　◆ ここでの心配事はあまり意味がない
　◆ 取り越し苦労をしやすい
　◆ 衝動買いをしやすい
　◆ この時間に占いをしても、無効になる。意味がない

　ボイドをとても嫌う人も少なくないのですが、これらをよく見ると、「悪いことが起こる」時間ではなく、「あまりいろいろ気にしなくてもいい時間」と思えないでしょうか。

とはいえ、たとえば大事な手術や面接、会議などがこの時間帯に重なっていると「予定を変更したほうがいいかな？」という気持ちになる人もいると思います。

　この件では、占い手によっても様々に意見が分かれます。その人の人生観や世界観によって、解釈が変わり得る要素だと思います。

　以下は私の意見なのですが、大事な予定があって、そこにボイドや逆行が重なっていても、私自身はまったく気にしません。

　では、ボイドタイムは何の役に立つのでしょうか。一番役に立つのは「ボイドの終わる時間」です。ボイド終了時間は、星が星座から星座へ、ハウスからハウスへ移動する瞬間です。つまり、ここから新しい時間が始まるのです。

　たとえば、何かうまくいかないことがあったなら、「365日のカレンダー」を見て、ボイドタイムを確認します。もしボイドだったら、ボイド終了後に、物事が好転するかもしれません。待っているものが来るかもしれません。辛い待ち時間や気持ちの落ち込んだ時間は、決して「永遠」ではないのです。

月齢について

　本書では月の位置している星座から、自分にとっての「ハウス」を読み取り、毎日の「月のテーマ」を紹介しています。ですが月にはもう一つの「時計」としての機能があります。それは、「満ち欠け」です。

　月は1ヵ月弱のサイクルで満ち欠けを繰り返します。夕方に月がふと目に入るのは、新月から満月へと月が膨らんでいく時間です。満月から新月へと月が欠けていく時間は、月が夜遅くから明け方でないと姿を現さなくなります。

　夕方に月が見える・膨らんでいく時間は「明るい月の時間」で、物事も発展的に成長・拡大していくと考えられています。一方、月がなかなか出てこない・欠けていく時間は「暗い月の時間」で、物事が縮小・凝縮していく時間となります。

　これらのことはもちろん、科学的な裏付けがあるわけではなく、あくまで「古くからの言い伝え」に近いものです。

　新月と満月のサイクルは「時間の死と再生のサイクル」です。このサイクルは、植物が繁茂しては枯れ、種によって子孫を残す、というイメージに重なります。「死」は本当の「死」ではなく、種や球根が一見眠っているように見える、その状態を意味します。

　そんな月の時間のイメージを、図にしてみました。

【新月】
種蒔き

芽が出る、新しいことを始める、目標を決める、新品を下ろす、髪を切る、悪癖をやめる、コスメなど、古いものを新しいものに替える

【上弦】
成長

勢い良く成長していく、物事を付け加える、増やす、広げる、決定していく、少し一本調子になりがち

【満月】
開花、
結実

達成、到達、充実、種の拡散、実を収穫する、人間関係の拡大、ロングスパンでの計画、このタイミングにゴールや〆切りを設定しておく

【下弦】
貯蔵、
配分

加工、貯蔵、未来を見越した作業、不要品の処分、故障したものの修理、古物の再利用を考える、蒔くべき種の選別、ダイエット開始、新月の直前、材木を切り出す

【新月】
次の
種蒔き

新しい始まり、仕切り直し、軌道修正、過去とは違った選択、変更

月のフェーズ

以下、月のフェーズを六つに分けて説明してみます。

● 新月　New moon

「スタート」です。時間がリセットされ、新しい時間が始まる！というイメージのタイミングです。この日を境に悩みや迷いから抜け出せる人も多いようです。とはいえ新月の当日は、気持ちが少し不安定になる、という人もいるようです。細い針のような月が姿を現す頃には、フレッシュで爽やかな気持ちになれるはずです。日食は「特別な新月」で、1年に二度ほど起こります。ロングスパンでの「始まり」のときです。

◗ 三日月〜 ◗ 上弦の月　Waxing crescent - First quarter moon

ほっそりした月が半月に向かうに従って、春の草花が生き生きと繁茂するように、物事が勢い良く成長・拡大していきます。大きく育てたいものをどんどん仕込んでいけるときです。

◗ 十三夜月〜小望月(こもちづき)　Waxing gibbous moon

少量の水より、大量の水を運ぶときのほうが慎重さを必要とします。それにも似て、この時期は物事が「完成形」に近づき、細かい目配りや粘り強さ、慎重さが必要になるようです。一歩一歩確かめながら、満月というゴールに向かいます。

○ 満月　Full moon

新月からおよそ2週間、物事がピークに達するタイミングです。文字通り「満ちる」ときで、「満を持して」実行に移せることもあるでしょう。大事なイベントが満月の日に計画されている、ということもよくあります。意識してそうしたのでなくとも、関係者の予定を繰り合わせたところ、自然と満月前後に物事のゴールが置かれることがあるのです。

月食は「特別な満月」で、半年から1年といったロングスパンでの「到達点」です。長期的なプロセスにおける「折り返し地点」のような出来事が起こりやすいときです。

◑ 十六夜の月〜寝待月　Waning gibbous moon

樹木の苗や球根を植えたい時期です。時間をかけて育てていくようなテーマが、ここでスタートさせやすいのです。また、細くなっていく月に擬えて、ダイエットを始めるのにも良い、とも言われます。植物が種をできるだけ広くまき散らそうとするように、人間関係が広がるのもこの時期です。

◑ 下弦の月〜 ● 二十六夜月　Last quarter - Waning crescent moon

秋から冬に球根が力を蓄えるように、ここでは「成熟」がテーマとなります。物事を手の中にしっかり掌握し、力をためつつ「次」を見据えてゆっくり動くときです。いたずらに物珍しいことに踊らされない、どっしりした姿勢が似合います。

◆ 太陽星座早見表 乙女座

（1930～2025年／日本時間）

太陽が乙女座に滞在する時間帯を下記の表にまとめました。
これより前は獅子座、これより後は天秤座ということになります。

生まれた年	期間	生まれた年	期間
1930	8/24　6:26 ～ 9/24　3:35	1954	8/24　1:36 ～ 9/23　22:54
1931	8/24　12:10 ～ 9/24　9:22	1955	8/24　7:19 ～ 9/24　4:40
1932	8/23　18:06 ～ 9/23　15:15	1956	8/23　13:15 ～ 9/23　10:34
1933	8/23　23:52 ～ 9/23　21:00	1957	8/23　19:08 ～ 9/23　16:25
1934	8/24　5:32 ～ 9/24　2:44	1958	8/24　0:46 ～ 9/23　22:08
1935	8/24　11:24 ～ 9/24　8:37	1959	8/24　6:44 ～ 9/24　4:07
1936	8/23　17:11 ～ 9/23　14:25	1960	8/23　12:34 ～ 9/23　9:58
1937	8/23　22:58 ～ 9/23　20:12	1961	8/23　18:19 ～ 9/23　15:41
1938	8/24　4:46 ～ 9/24　1:59	1962	8/24　0:12 ～ 9/23　21:34
1939	8/24　10:31 ～ 9/24　7:48	1963	8/24　5:58 ～ 9/24　3:23
1940	8/23　16:29 ～ 9/23　13:45	1964	8/23　11:51 ～ 9/23　9:16
1941	8/23　22:17 ～ 9/23　19:32	1965	8/23　17:43 ～ 9/23　15:05
1942	8/24　3:58 ～ 9/24　1:15	1966	8/23　23:18 ～ 9/23　20:42
1943	8/24　9:55 ～ 9/24　7:11	1967	8/24　5:12 ～ 9/24　2:37
1944	8/23　15:46 ～ 9/23　13:01	1968	8/23　11:03 ～ 9/23　8:25
1945	8/23　21:35 ～ 9/23　18:49	1969	8/23　16:43 ～ 9/23　14:06
1946	8/24　3:26 ～ 9/24　0:40	1970	8/23　22:34 ～ 9/23　19:58
1947	8/24　9:09 ～ 9/24　6:28	1971	8/24　4:15 ～ 9/24　1:44
1948	8/23　15:03 ～ 9/23　12:21	1972	8/23　10:03 ～ 9/23　7:32
1949	8/23　20:48 ～ 9/23　18:05	1973	8/23　15:53 ～ 9/23　13:20
1950	8/24　2:23 ～ 9/23　23:43	1974	8/23　21:29 ～ 9/23　18:57
1951	8/24　8:16 ～ 9/24　5:36	1975	8/24　3:24 ～ 9/24　0:54
1952	8/23　14:03 ～ 9/23　11:23	1976	8/23　9:18 ～ 9/23　6:47
1953	8/23　19:45 ～ 9/23　17:05	1977	8/23　15:00 ～ 9/23　12:28

生まれた年	期間		
1978	8/23 20:57	~	9/23 18:24
1979	8/24 2:47	~	9/24 0:15
1980	8/23 8:41	~	9/23 6:08
1981	8/23 14:38	~	9/23 12:04
1982	8/23 20:15	~	9/23 17:45
1983	8/24 2:07	~	9/23 23:41
1984	8/23 8:00	~	9/23 5:32
1985	8/23 13:36	~	9/23 11:06
1986	8/23 19:26	~	9/23 16:58
1987	8/24 1:10	~	9/23 22:44
1988	8/23 6:54	~	9/23 4:28
1989	8/23 12:46	~	9/23 10:19
1990	8/23 18:21	~	9/23 15:55
1991	8/24 0:13	~	9/23 21:47
1992	8/23 6:10	~	9/23 3:42
1993	8/23 11:50	~	9/23 9:21
1994	8/23 17:44	~	9/23 15:18
1995	8/23 23:35	~	9/23 21:12
1996	8/23 5:23	~	9/23 2:59
1997	8/23 11:19	~	9/23 8:55
1998	8/23 16:59	~	9/23 14:36
1999	8/23 22:51	~	9/23 20:30
2000	8/23 4:48	~	9/23 2:27
2001	8/23 10:28	~	9/23 8:05

生まれた年	期間		
2002	8/23 16:18	~	9/23 13:55
2003	8/23 22:09	~	9/23 19:47
2004	8/23 3:54	~	9/23 1:30
2005	8/23 9:47	~	9/23 7:23
2006	8/23 15:24	~	9/23 13:03
2007	8/23 21:09	~	9/23 18:51
2008	8/23 3:03	~	9/23 0:45
2009	8/23 8:40	~	9/23 6:19
2010	8/23 14:28	~	9/23 12:09
2011	8/23 20:22	~	9/23 18:05
2012	8/23 2:08	~	9/22 23:49
2013	8/23 8:03	~	9/23 5:44
2014	8/23 13:47	~	9/23 11:29
2015	8/23 19:38	~	9/23 17:21
2016	8/23 1:40	~	9/22 23:21
2017	8/23 7:21	~	9/23 5:02
2018	8/23 13:10	~	9/23 10:54
2019	8/23 19:03	~	9/23 16:50
2020	8/23 0:46	~	9/22 22:31
2021	8/23 6:36	~	9/23 4:21
2022	8/23 12:16	~	9/23 10:03
2023	8/23 18:02	~	9/23 15:49
2024	8/22 23:55	~	9/22 21:43
2025	8/23 5:34	~	9/23 3:19

おわりに

　これを書いているのは2022年8月なのですが、日本では新型コロナウイルスが「第7波」がピークを迎え、身近にもたくさんの人が感染するのを目の当たりにしています。2020年頃から世界を覆い始めた「コロナ禍」はなかなか収束の出口が見えないまま、多くの人を飲み込み続けています。今や世の中は「コロナ」に慣れ、意識の外側に置こうとしつつあるかのようにも見えます。

　2020年は土星と木星が同時に水瓶座入りした年で、星占い的には「グレート・コンジャンクション」「ミューテーション」など、時代の節目の時間として大いに話題になりました。2023年はその土星が水瓶座を「出て行く」年です。水瓶座は「風の星座」であり、ごく広い意味では「風邪」のような病気であった（症状は命に関わる酷いもので、単なる風邪などとはとても言えませんが！）COVID-19が、ここで土星と一緒に「退場」してくれれば！と、心から願っています。

　年次版の文庫サイズ『星栞』は、本書でシリーズ4作目となりました。表紙イラストのモチーフ「スイーツ」は、

2023年5月に木星が牡牛座に入ること、金星が獅子座に長期滞在することから、選んでみました。牡牛座は「おいしいもの」と関係が深い星座で、獅子座は華やかさ、表現力の世界です。美味しくて華やかなのは「お菓子！」だと思ったのです。また、「コロナ禍」が続く中で多くの人が心身に重大な疲労を蓄積し、自分で思うよりもずっと大きな苦悩を抱えていることも意識にありました。「甘いモノが欲しくなる時は、疲れている時だ」と言われます。かつて私も、猛烈なストレスを耐えて生きていた頃、毎日スーパーでちいさなフロランタンを買い、仕事帰りに齧っていました。何の理性的根拠もない「占い」ですが、時に人の心に希望をもたらす「溺れる者の藁」となることもあります。2023年、本書が読者の方の心に、小さな甘いキャンディのように響くことがあれば、と祈っています。

星栞 2023年の星占い
乙女座

2022年9月30日　第1刷発行

著者　石井ゆかり

発行人　石原正康
発行元　株式会社 幻冬舎コミックス
　　　　〒151-0051 東京都渋谷区千駄ヶ谷4-9-7
　　　　電話 03-5411-6431 (編集)
発売元　株式会社 幻冬舎
　　　　〒151-0051 東京都渋谷区千駄ヶ谷4-9-7
　　　　電話 03-5411-6222 (営業)
　　　　振替 00120-8-767643

印刷・製本所：株式会社 光邦
デザイン：竹田麻衣子 (Lim)
DTP：株式会社 森の印刷屋、安居大輔 (Dデザイン)
STAFF：齋藤至代 (幻冬舎コミックス)、
　　　　佐藤映湖・滝澤 航 (オーキャン)、三森定史
装画：砂糖ゆき